实践新课程课堂视点丛书

总主编：钟发全

智慧涅槃

——教师随笔拾萃

张朝全 钟发全 编著

天津教育出版社
TIANJIN EDUCATION PRESS

图书在版编目（CIP）数据

智慧涅槃：教师随笔拾萃/张朝全，钟发全编著．—天津：天津教育出版社，2009.6

（实践新课程课堂视点丛书）

ISBN 978－7－5309－5650－2

Ⅰ．智…　Ⅱ．①张…　②钟…　Ⅲ．中小学—教学研究—文集　Ⅳ．G632.0－53

中国版本图书馆 CIP 数据核字（2009）第 071459 号

智慧涅槃：教师随笔拾萃

出 版 人　肖占鹏

作　　者　张朝全　钟发全
责任编辑　谢　芳
装帧设计　北京辉煌艺术设计工作室

出版发行　天津教育出版社
　　　　　天津市和平区西康路 35 号
　　　　　邮政编码　300051
经　　销　新华书店
印　　刷　北京金星印务有限公司
版　　次　2009 年 6 月第 1 版
印　　次　2009 年 6 月第 1 次印刷
规　　格　787×1092 毫米　1/16
字　　数　176 千字
印　　张　14

书　　号　ISBN 978－7－5309－5650－2
定　　价　29.80 元

前　言

“随笔”“随笔”，有事就记，有感就发，有理就说，有文就录，率性而为，不必拘泥！眼前这一本被我们命名为“教师随笔拾萃”的集子，汇集了我们从几百篇来稿中选出的精品文章。其中的文字，或讲述教师文化，或发表教育观点，或评析师生人情。写法上旁征博引，论述精辟，行文缜密而不失活泼，结构自由而不失严谨：富有“理趣”是这一本随笔最突出的特色。

看着眼前这一本教师随笔集子，最让我们感慨的是，中国教师的随笔写作也进入了前所未有的旺盛时期。透过文字，可以看到中国教师的形象，听到中国教师的心声；一颦一笑间透露出高贵的气质，妙语佳句中看得出教师的群体智慧，及其所肩负的无限责任。

在整本随笔的选编中，我们最喜欢看的是那些有思想有精神的文字，因为只有思想才能传递思想，只有精神才能唤醒精神。写随笔就像与邻家谈心般轻松，没有任何的负担。写随笔，可以观景抒情，可以睹物思理，可以是读书谈感想，可以一事一议，也可以是对同类事进行综合议论。这一本书中的随笔短的几百字，长的几千字，篇幅长短皆由内容而定。不过，从字里行间我们已经知道作者的意图：或者表达快乐的心情，或者书写一点小感悟，或者提出一个新观点……总之，能给读者亲切与平易近人之感的文章，才会进入我们的视野被选进来。

集子中的随笔，完成时间多是新课程改革推进后的最近5年间，加上作者来自于天南海北，这一本集子真可说是当前教育随笔整体实力的展示。选编这一本书，我们有很多的目的——让您受到感染与熏陶，只是最基本的要求。而让更多的教师知道什么是教育随笔，明白怎样写教育随笔，从而写出自己教育教学生活中的随感，这才是我们的根本目的。

当前，我们许多教师虽然在写随笔，却没有对此进行研究。因此，我们将这一本随笔集奉献给您，把最本真的东西给您，相信您一定会有拥有一座金矿的感觉。在此，我们也想与您再探讨几个问题，以抛砖引玉。

什么是教育随笔？随笔是散文的一种。它语言平实，不拘一格，形式多样，短小活泼。教育随笔顾名思义，就是谈教育思想观点的随笔。如教学随笔（或曰“教学一得”），主要是写教学中某一点体会最深的心得。它的主要特点是题目小，篇幅短；层次和结构比较简单；内容单纯，涉及面比较小，写作材料便于收集、整理和使用。在写作样式上没有什么固定的程式。常见的有借事说理，夹叙夹议等形式。借事说理，即作者要着力描写一个事件，不用太多的语言去发议论，做点评，把一件事情写清楚，文章的结尾有个简单的点题就可以了。读者通过读作者叙述的这件事，就能受到触动，明白一些道理。因此真可说，随笔是最适合教师表达心声的一种表现形式。

教育随笔一个最大的特色就在于“随”——随时、随手、随便、随心等。

随手：随笔中涉及的往往是一些当时发生的事件，以及由此产生的想法。但那种想法会稍纵即逝，所以需要及时记录下来。这就要求必须养成随手写的习惯。

随便：随笔没有什么格式的要求。不需要有什么论点论据，文字也是有话则长，无话则短。200字能说清楚，就绝不凑到300字。如果您没想好这件事说明了什么，但是它确实给你触动，您也不必硬憋着，您可以先把事情写出来，让读者自己去理解。

随心：这里讲的随心有两层意思：一是随心所欲，不能让自己的思维进入定势；二是笔要随脑。文章是笔写出来的，但却是大脑想出来的，所以随笔是笔要随脑。

随笔虽“随”，但必须有自己的独到之处。或者切入的角度不同于以往，或是自己的观点不同于常人。这一切都需要我们有一双善于发现的眼睛，有一个善于思考的大脑。我们的工作对象是活生生的人，这本身就给我们提供了丰富的素材。每个孩子都是一本耐读的书，和孩子的每一次倾心的谈话，都可以成为我们写作的素材。再就是工作之余要读一点书，用心思考新的教育理念的合理之处，以及与教育现实的结合点在哪里。有了正确的理念，才会有正确的眼光，也才会有精彩的发现。

而最重要的一点是，还必须勤于动笔。多写多磨，才能提升写随笔的水平。

于一线教师来说，不敢说每一节课都有体会最深的心得，但每天都要教学不同的内容，只要我们善于发现，做个有心人，随笔的素材就有很多。在这一本书中，我们不难感受到，平时我们可从以下几方面来记录：如读书笔记，如记录教育案例，如撰写教学反思，如记下学生的成长轨迹，如记录心灵的感悟……写教育随笔实际上是思考与积累的过程。教育随笔，因其篇幅短小，也无需上升到多高的理论层面，因而相对来说比较容易写。那么，教育随笔写些什么呢？

（一）记教学得失。每位教师都有一份属于自己的“试验田”，在其中耕作，肯定会有所“悟”。在教学中，我们定会有欣喜和成功的实践。成功了，抓住这一成功之点，静下心来想一想：为什么会取得成功，主要收获在哪里，我们便收获了好的随笔题材。当然，教学中的失误也是不可避免的。面对失误我们应该冷静地思考：为什么会失误，主要症结在哪里，用什么方法弥补，应该吸取什么教训……如此，好题材又诞生了。总结得失，能让我们在下次教学中扬长避短。

（二）录教学机智。在教育教学中，根据学生的学习情况随机应变，有时会收到意想不到的教育效果。这也是值得记录的。

（三）写教学偶得。教材是我们的教学依据，但它不一定是完美的，只要我们深入而冷静地研究思考，也许会有新的认识或新的疑点，如果及时地把它写下来，再加上思考，则必有所得。如果我们乐于做一个有心人，就会发现许多有价值的东西。

（四）记学习所悟。平时，我们在阅读书报时，也许会突然得到某种感悟与启示，产生平时没有想到的观点，发现平时没有注意到的材料。对此，我们要及时记录下来。另外，作为教师，听课的机会是很多的，而且听的多数都是优质课。在听课中，我们要认真比较，找出差异。因为差异就是思维之源，就是产生新观念和新思想的导火线，如此，我们会有更大更多的收获。

教师学会写随笔，好处是非常多的。教育学家马卡连柯曾言："教育学是最辩证、最灵活的一种科学，也是最复杂、最多样化的一种科学。"我们在一线工作，常常会自觉地融入自己的智慧，时不时地了解教育教学对象的个性特点，然后再创造性地开展教育教学活动，我们也因此教有所感。倘若能及时记录下自己的教育心路，这对今后的教育教学无疑是有帮助的。如此，我们就能积累丰富的实践经验，掌握大量的教育教学第一手资料，不仅积淀个人在教育教学方面的成就，而且对自己日后的工作也有积极的促进作用。如果发表，对广大同仁也具有借鉴意义。这是我们把自己的教育蛋糕做大、做好、做强的根基。

教育随笔是教师智慧、思想的火花。新课程改革对我们提出了很多实质性的要求，虽然不能一下子全部做到，但如果做到边做边思，边思边写，边写边做，循环往复，螺旋前进，每个教师肯定会把新课程要求转化为自己的本领，成为成功的实践者和开拓者。所以，在教育教学过程中，如若您能迈着自己的步子，踩着自己的脚印，教而时研之，并随时记录自己的行走轨迹，就能向教育更深处漫溯。

教育随笔研究能促进教师专业成长。我们真诚地希望每一位读者，掌握教育随笔的写作方法，通过积极主动的教育随笔写作，提升自我教育教学、教育生命的质量。

编　者

2009 年 4 月中旬

目　录

教育篇：小车无意撞大墙

在生命教育已成潮流的今天，教师真的应该放弃对完美的苛求，多给学生，特别是那些“有裂缝”的孩子以人性的关怀。

把孩子举上头顶仰望他，稚嫩的心灵会获得自信和力量，他会向天空的高度豪迈而幸福地伸展。仰望，是面对孩子时应有的姿态。

工作要出成绩，就要有一个快乐的工作环境；学生要健康成长，缺少不了一个快乐的班集体。而这些，都考验着班主任的班级快乐管理能力。

我们每位教育工作者务必记住这么一句名言：教育的目的不是让学生或像他，或像你，或像我，而是让学生像他们自己。

为人生园地种一片葱绿的“庄稼”

重庆市万州区百安移民小学　黄晓霞

曾看过这样一个故事：

一位哲学家带着他的众多学生去漫游世界。十年间，他们游历了所有的国家，拜访了所有有学问的人。回来后，哲学家对他的弟子说：“十年游历，你们都已经是饱学之士，现在学业就要结束了，今天我们来上最后一课吧！”

哲学家问道：“现在你们坐在什么地方？”

学生们回答：“我们坐在旷野里。”

哲学家问道：“旷野里长着什么？”

学生们回答：“旷野里长满草。”

哲学家说道：“对，旷野里长满了杂草，现在我想知道怎样才能除掉这些杂草呢？”

学生们七嘴八舌地回答：“老师，只要有把铲子就够了”；“用火烧也是很好的一种办法”；“撒上石灰就会除掉所有的杂草”；“斩草除根，只要把根挖出来就行了”……

等学生们发表完各自的看法以后，哲学家缓缓说道：“今天的课就上到这里，你们回去，按照各自的办法除一片杂草。一年后再来这里相聚。”

一年后，他的弟子们又都回到了那片草地上，使他们感到意外的是哲学家并没有来，但原先杂草遍地的旷野现在已生长着茂盛的庄稼。

哲学家去世后，弟子们整理他的言论时，补了一章：要想除掉旷野里的杂草，方法只有一种，那就是在上面种上庄稼。

在荒草地上种植庄稼，杂草便没有了生存之地。这充满智慧的做法，是除去杂草最有效的方法。联想起我们现在的“减负”，一些学校便走入了误区，必要的活动也不开展了，学生早早地离开了学校，但家长还在上班，于是便由此滋生了许多不良的事情，把学生引入了歧途。在走访中，我们观察到了这样一些现象：

【镜头一】：几个学生背着书包，一边走，一边说：“快点，‘兴业网吧’那里比较偏僻，可能还有位置，我们先去那里看看。”

【镜头二】：五个六年级的男生一起走出校门，直奔其中一个学生的家。趁父母还没下班，就到他家去“搓”几圈麻将。

【镜头三】：六个五年级的男生相约走出校门，今天是到××的家里上网，继续着《传奇》里的故事，待父母行将下班时再解散。

【镜头四】：两个六年级男生神秘兮兮在校门口窃窃私语：“今天五源街道办事处肯定是那个老头儿守门。”“那好，我们翻围墙进去。”“我们昨天拿出来的东西还在草丛里不?”“管它呢，先翻进去看看再说。”……

…………

现代社会，总有不良的现象在滋生，而学生又不是生活在真空中，这些不良现象无时不影响着他们。而在课外时间里，我们却没有对他们进行有效的引领，放弃了对他们的管理。

魏书生老师常常用这样一句话教育学生：“你经常和什么人在一起，那么，你就是什么人。”的确如此，长期与某种人在一起，耳濡目染，就会受其影响。有研究表明，一个人在感到无所事事的时候，如果有不良的事情牵引，他就会试着去做这件事，而常常做这件事，他便认同了此事的正确性，并努力地做下去。如此一来，他们就在不良的路上渐行渐远，以至于葬送他们美好的一生。因此，我们应积极探索，着力研究，针对本校学生在学习、年龄、心理、发展方面的实际设计一些健康有益的活动与事情，让这些积极的、如春雨般的活动去滋养他们成长的路途，去占领他们的活动空间，占领他们的精神领域，影响他们，引领他们，让他们在活动中体验，在活动中感受，在活动中成长，以此除去他们心灵上的“杂草”，让他们人生的园地里常有葱绿的“庄稼”。更重要的是以此营造良好的氛围，让他们在有益的活动中健康成长，让良好的行为习惯与品质进一步强化，并伴随他们美好的一生。

诚如贝多芬所言：“我们应该记住这一点，给孩子提供一个充满美德和善行的成长环境。把美德、善行推荐给你的孩子们，能给人们带来幸福的只有它，而不是财富。”所以，我们应对学生成长过程中可能会产生的不良行为进行超前感知，超前工作，做到防患于未然，把负面发展消灭在萌芽状态里，让葱绿的“庄稼”与成长相伴，更好地落实学生的德育工作。

你要做一棵怎样的树

山东省滨州市滨城区小营办事处中心中学　刘丽丽

新学期，我接了初三语文课。初中阶段的最后一年里，学生两极分化得厉害。语文课堂上经常出现两种截然不同的状况：一部分同学加班加点埋头苦学，另一部分人我行我素，连基本的作业都不去完成。

我找他们谈话，五六个大高个，表情轻松地站在我的对面，没等我开始语重心长地谈话，他们中的一个已经笑嘻嘻地开口：“老师，反正我们也考不上高中，算成绩时也没我们什么事。您把工夫多放在教‘好学生’身上吧！”

说话的人长着一张白白净净的脸，机灵的眼神里透露出一点坦诚，一点“达观”，一点漫不经心。我知道，对于一些基础不太好的学生来说，被忽视、被遗忘是“情理之中”的事。然而，为了所谓的班集体利益，宁可让老师忽略掉自己的存在，这样的“好意”，却让我实在难以接受。

十几岁的孩子，本该有追求，有渴望，也正是该踌躇满志“指点江山，激扬文字”的时候啊。而面前的他们却因为别人的忽视，因为自觉前途渺茫升学无望，就不自觉地丢失了自己。这是教育的悲哀还是个体的悲哀？无论如何，要改变他们，不能让他们“混”下去，可是，该如何唤醒他们内心深处潜藏的动力和自信呢？我陷入了深思。

第二周起毕业班开设了晚自习。第一次上晚自习，对于他们来说是前所未有的新鲜事。夜幕降临，教室里的灯也兴奋地亮起来。四十多双眼睛满含期待地望着讲台上的我。我知道，时机来了。

“这一节咱们不讲课，我给大家讲几个故事，好不好？”

“好！”他们异口同声地放下手中的笔，那几个不交作业的孩子习惯地趴在了桌上。

“先讲一个《会捕鼠的鱼》的故事。

这是一种生活在我国南部沿海的鲇鱼。按理说，鱼离不开水，而老鼠生活在陆地上，况且机警狡猾，鱼捉到老鼠是不可想象的事情。那么，它们是怎么捕到老鼠的呢？”

我卖一下关子，停了停，几个趴着的学生慢慢直起了腰。

“原来，鲇鱼夜间出来觅食，游到浅滩，将尾巴伸到水里，一动不动地靠在岸边，发出腥味引诱老鼠前来。毕竟是水边，老鼠不常来，但是鲇鱼可以执著地等待上数天甚至一个月。老鼠来了，它们不会轻举妄动，先用爪去拨拉几下，多数都是上前狠咬一口，然后立刻逃掉观察情况，但鲇鱼能忍住疼痛不动声色。就这样，老鼠以为它们是死鱼，就张口咬住鲇鱼尾巴使劲往岸上拖。就此，鲇鱼和老鼠之间展开一场气力和耐力的较量，最终老鼠被拖入水里，成为鲇鱼的美餐。”

我讲得绘声绘色，学生们听得全神贯注，我趁机设问：“鲇鱼捕老鼠的关键是什么？”

学生们各抒己见，后排的几个孩子也热烈地讨论起来，我特意请他们几个谈了谈自己的想法，在我赞许的目光中，他们思路清晰，表达流畅。最后全班归纳了两点：一是它有耐心等；二是它能忍受老鼠咬的痛。

“大家看，这个世界很公平，有付出才有收获。而且，这个世界也没有奇迹，所谓奇迹的背后大都隐藏着鲜为人知的艰难和苦痛。”我趁热打铁。

后排的几个孩子稍稍低下了头，似乎在蹙眉思索。

接着，我又给他们讲了刘燕敏的《一棵核桃树》的故事。作者家的后园有一株不易分辨类别的树，十年里，大家曾以李子、山楂、樱桃等对它命名。然而，十年后，它以一颗小小的核桃证明了自己的身份。

故事很简单，我扫视了教室内那些青春的脸庞，几个趴在桌上的孩子也已经坐正了身子。“同学们，假如你们是树，你用什么来证明自己的身份和价值呢？假如父母的爱是阳光，老师的教导是雨露，无论你粗壮还是瘦弱，请挺起你自信的枝干告诉我，在初中的最后一年里，你将以怎样的果实呈现给大家？希望你们思索好，写一段话告诉我。”

几秒钟的沉寂之后，教室里响起一片沙沙声。

练习本交上来，写得最动情的，竟然是那个让我不再管他的孩子，他说：“……您的话让我如梦初醒，老师，您为什么不早点教我们呢？……我知道有些事情过去就过去了，我很遗憾，但是请您相信，我会在接下来的日子里尽力而为。”

放下本子，我凝视着窗外的天幕，丝绒般的幕布上繁星点点，可我分明看到，在夜的深处，那是一棵棵新苗正在奋力地拔节、生长。

打开心锁只需轻轻一转

广东省清远县教育局　李荣灿

我读到过这样一则寓言：一把坚实的大锁挂在大门上，一根铁杆费了九牛二虎之力，还是无法把他撬开。钥匙来了，他瘦小的身躯钻进锁孔，只轻轻一转，大锁就“啪”的一声打开了。铁杆纳闷地问道：“为什么我费那么大力也无法撬开他，你却这么轻易就能把他打开呢？”钥匙笑了笑说：“因为我了解他的心。”

这则寓言打开了我记忆的闸门，使我想起了教育生涯中的一个小故事。

小林各方面表现都很平常，学习不刻苦，成绩甘居中游，自己也心安理得。开始我没太注意他。慢慢地，我发现他思维敏捷，头脑灵活，是棵学习的好苗子。可是，这么一棵好苗子为什么学习只达到中等，原因何在呢？经过一段时间观察，我发现，小林取得一点成绩就骄傲，遇到一点挫折就灰心，做事缺乏耐心和毅力。这时我想起了上面的寓言，要帮助小林进步，就要找到打开“心锁”的钥匙。

我认为，像小林这种学生要成才，一定要经过磨炼。我开始有意培养他，与他更多地接触，慢慢地，他对待学习的态度转变了，成绩大幅度提高，两次获得全年级第一。可是，好景不长，一段时间后，他的学习热情退却，成绩下降。

我知道，这是因为有一阵小风把门给关上了，我需要再次打开他的心锁。我有意把小林从第三排调到了最后一排，他的神情显得委屈、沮丧，但学习的积极态度却奇迹般地回来了。接下来的一个星期里，他的父母每天都和我通电话，向我反映他在家的情况。星期五，小林的父亲打电话告诉我，小林说要用实际行动证明他在努力向上，请求老师把他调回第三排，并说星期一向老师正式提出申请。

星期一放晚学后，小林来到了我的办公室。他说：“我发现班长和其他学习好的同学每天都很认真学习，他们的学习有计划，有条理，所以成绩一直优秀。我感觉到自己在学习上不够积极，取得好成绩就骄傲自满，所以成绩波动很大；也体会到做什么事都要抱着持之以恒的态度，孜孜不倦地追求。”我再问他：“你知道老师为什么要把你调到最后一排?”他沉默。我对他说：“其实，我并不是为了惩罚你才这样做的。老师想要一个结果，就是你刚才所说的发现和体会。你是一个很聪明的孩子，老师非常喜欢你，也相信你只要‘胜不骄，败不馁’，肯定会获得更多的知识。我希望你记住这个经历。老师也知道你可能恨过我，在这里我向你道歉。”听了我的话后，他眼里闪着泪花，说：“老师，我了解你的心。我会争气的!”在期末考试中，他再次取得好成绩。

小林进步了，因为我了解他的心，我打开了他的心锁。

我又想起了开头的那则寓言。唯有关怀，才能进入学生的内心；唯有触摸到学生的内心才能了解学生；唯有了解学生，才能把自己变成一把开启学生心灵的钥匙。

让我们打开每一个孩子的心锁，不让一个孩子的心门关闭。而打开心锁只需找对钥匙轻轻一转。

一个美丽故事的启示

山东省莒县招贤二中　张传凤

读到过这样一个故事：有位农夫住在山坡上，他一年四季都用两个罐子挑水，其中有一个水罐买来时就有一条裂缝，而另一个则完好无损。好水罐总能把水满满地运回家，而有裂缝的水罐到家后，水就只剩下半罐了。因此，那个有裂缝的水罐总为自己天生的缺陷而感到惭愧，农夫知道后对它说："不要难过，在我们回家的路边开满了美丽的鲜花，难道你没有注意到这些花只长在你这边吗？这是因为我知道你有缝，就在你这边撒下花种。每天我们从小溪边回来的时候，从你的裂缝中渗出来的水就浇灌了这些花。这山上的小路很多，却没有第二条像我们走的这一条一样，有一边开满了鲜花。"有裂缝的水罐听后舒心地笑了。

多么美丽的水罐故事呀！这个故事中那个农夫的超常的"教育艺术"、"教育机智"暖暖地感动了我的心。过去，在传统观念的影响下，我们眼里的优秀学生是听话、守纪、成绩不错；而那些调皮、贪玩、成绩落后的孩子或许就成了有裂缝的水罐。在传统观念的影响下，那些调皮、贪玩、成绩落后的孩子或许也承认自己是"破水罐"，由于我们的教育观念、方法上存在的问题，致使有许多的孩子"破罐子破摔"。水罐故事让我们明白了：作为教师，我们做的或许只是一个微笑，一句轻语，一次抚摸，而带给学生的很可能是一生的希望。所以我们教师该做的是让每一个孩子都找到属于他们的生活信心和勇气，像农夫点化那个有裂缝的水罐一样来点亮孩子们一生的希望。

回顾自己的教育生涯，真切感悟到这个美丽的故事所蕴涵着的教育哲理。

捕捉闪光点——教育成功的突破点

每个人都有这样或那样的不足，但每个人都必定有自己的爱好和兴趣，有自己的一技之长。这就是人身上的闪光之处，也是教育成功的突破点。美国哈佛大学心理学家霍华德·加德纳提出了著名的多元智能理论。他认为每个人身上至少存在语言、数理逻辑、空间、身体运动、音乐、人际关系和自我认识等七项智能，但是，这七项智能在具体人身上会表现出个体差异。也就是说，每个人都有自己的强项和弱项，在这方面“特短”，可能在另一方面是“特长”。这正应了一句俗话：“尺有所短，寸有所长。”因此，我们不能对学生的某些短处耿耿于怀，而应用发展的眼光看待学生，正如人民教育家陶行知先生所说：“你的教鞭下有瓦特，你的冷眼里有牛顿，你的讥笑中有爱迪生。”教师只有丰富孩子的精神生活，培养他那含有道德价值的需要、要求和兴趣，揭开他身上的一切优点，弄清他最强的才干，才能使我们的教育真正适应学生的特点，扬其所长，避其所短，使每个学生都能熠熠闪光。“人皆可以为尧舜。”孟子的这句话，在我们的学生身上，将会变成活生生的现实。

激发上进心——教育成功的内驱力

有“裂缝”的孩子也渴望进步，也能成才。作为施教育人的教育工作者，要善于从这些孩子身上了解他们的志趣和个性特征，观察发现他们时隐时现的闪光点，作为教育转化他们的突破口和推动其前进的动因。事实证明有“裂缝”的孩子，并不是一无长处、各方面都差的“坏孩子”，更不是智商低下、不可教育的“低能儿”；相反，在一定意义上“淘气、调皮的孩子聪明”。因此，在教育工作中，我们对这些孩子应有所“偏爱”：课堂上能够举手发言就加以鼓励；学习上有所进步就给予赞许；品德上做点好事就进行表扬，让他们品尝到受赞许、表扬的欢乐，而千万别让他们在课堂上成为被冷落被“遗忘”的对象，认为“老师只看到我的缺点和短处，看不到我的优点和进步”。为了及时了解、掌握这些孩子的内心世界和行为表现，激发其上进心和积极性，在教育工作中，我努力做到“五多”：多个别谈话；多沟通家长；多表扬鼓励；多正面疏导；多指明方向。在赢得了后进生的信任、成为他们的知心朋友之后，转化工作就容易多了。

有这样一个同学，由于家长缺乏正确的管教，从小养成说谎和偷钱的坏行为，常常受到斥责和打骂，在班上也受到同学的讥笑、被歧视而抬不起头，但他却曾主动为班集体打扫课室，收发本子。抓住这个情况，我先对他进行耐心的谈话，既肯定他的优点，又指出存在的缺点；我用《狼来了》的故事对他进行启发诱导，让他懂得小时要做一个诚实正直的孩子，长大才能做个对社会有用的人，鼓励他勇于改正缺点，发扬优点，争取做一个好孩子、好学生；再同家长统一要求，配合教育，还安排班干部对他关心帮助。使这个同学既明白道理，又深深地感到老师、父母和同学对他真情善意地关心、爱护，从此痛改前非，改正了不良行为，在班上更加热情地为集体做好事，期末被评为班里的劳动积极分子，用实际行动证明自己走上了进步的道路。

学会赏识——教育成功的途径

有一位心理学家说过：“人类本质中最殷切的需要是：渴望被赏识。”赏识对于成长中的孩子来说是至关重要的，赏识可以发现孩子的优点和长处，激发孩子的内在动力。对孩子进行赏识教育，尊重孩子、相信孩子、鼓励孩子，可以帮助孩子扬长避短，克服自卑、懦弱心理，树立自信心。

赏识引向成功，抱怨导致失败。赏识是一种理解，更是一种激励。赏识教育，是在承认差异、尊重差异的基础上产生的一种良好的教育方法；是帮助孩子获得自我价值感、发展自尊、自信的动力基础；是让孩子积极向上，走向成功的有效途径。

十年前，我转入现在的学校，接任了被悄悄告知是“学校中最差的”一个班，因为班上有“四大金刚”，四年级了竟然还没有得到过一次每月评比的“优秀中队”锦旗，但我还是满怀信心地上任了。经过一段时间与孩子们的零距离接触交谈，100 多次的家访，我渐渐地走进了孩子们的心田。我对同学们说：“看咱们班多棒呀，有飞毛腿朱周华，乒乓小将叶涛、马静，小歌唱家张丽，小舞蹈家叶欢，有劳动能手曹芳萍……你们知道吗，现在有多少老师在羡慕我呀，说我多有福气，有你们这么出色的学生……”接任第一个月，我们班就获得了那面同学们渴望了三年的锦旗，望着孩子们闪着泪花的眼睛，我在心中告诉自己：只要理解孩子，尊重孩子，赏识孩子，那么，孩子心灵的苗圃就会阳光明媚，春色满园，孩子个性的幼苗就会一派生机，茁壮成长！不是吗？三年后，就是这个曾经的“全校最差的班”成了公认的“全校最棒的班”。

富有爱心——教育成功的基础

“没有爱就没有教育”这是特级教师丁有宽老师把成功的教育经验凝铸成的名言。在传统观念中，人们常把后进生当成“坏学生”，说是“朽木不可雕”、“顽石不成才”，严重地伤害了他们的人格和自尊心。回忆几年前班里有个女同学，家庭条件很差，与一个残疾的父亲一起生活，各科成绩都差，平时沉默寡言，不喜欢参加集体活动，从对她几次谈话中了解到，她认为自己特别笨，智力不如人，再加上家庭因素，老师、同学会看不起她，上课不敢接触老师的眼光，平时不愿与同学接近，学习上有困难也不问老师、同学。针对她的思想，我提出同她交朋友，对她讲一些名人成才的故事，使她懂得“聪明在于勤奋”的道理，课堂上有意对她投送亲切的目光和友好的微笑，并让她回答一些较容易的问题，答对了便进行表扬、鼓励，还安排课余时间耐心地帮她补习基础知识，晚上抽时间到她家里看看，给她洗洗头、剪剪发，经过晓之以理、动之以情、因势利导，使她感受到“老师关心帮助我，爱我”的温暖；从而使她恢复了自尊心，对老师从“戒心”变为“贴心”，从“疏远”变为“亲近”，学习成绩有了明显进步，人也变得开朗起来，在班里听到了她和同学玩耍时发出的银铃般的笑声。

在生命教育已成潮流的今天，教师真的应该放弃对完美的苛求，多给学生、特别是那些有“裂缝”的孩子以人性的关怀。

仰望孩子

河北省唐山市开平区综合职校　卢丽梅

张涛是三个月前转过来的初二住宿生。同宿舍同学注意到，常有一个女生给他打电话。从电话里传出的声音可以听出，对方好像是一个很幼稚、依赖性很强的女孩，对张涛又关爱又崇拜。她不但时常向张涛请教学习上的问题，一些生活上的问题也常找他帮忙。比如，和别人闹矛盾了让张涛出主意，去教育局办手续让他领着去……而张涛总是像一个能力超强的大哥哥一样帮助她。从张涛的语气和表情上看得出，两人关系非同寻常。

张涛早恋的消息很快传到了班主任李老师耳朵里，她陷入忧虑之中。从档案的记载看，张涛的学习成绩和各方面表现都进步非常快，现在他是班里品学兼优的好学生。她想：“如果张涛被这样的女孩缠上，学习成绩肯定得下降，必须遏制事态的发展。”

于是，李老师找到张涛谈心。由于怕伤害他的自尊心，也避免他和“打小汇报”的同宿同学闹矛盾，李老师没有直接说穿打电话的事，而是委婉地讲了一大堆早恋的坏处来劝导他。可张涛始终眨着一双无辜而天真的大眼睛，一副“不解风情”的傻样。第一次思想工作以失败而告终。

一次，李老师从张涛同宿同学那里得知，那女孩约好星期六上午十点来宿舍找张涛，说是让他帮着修改作文。李老师决定抓住这个机会，对他俩进行一次现场教育。

星期六十点，李老师准时到达宿舍。未进门，就听到里面传来女子的笑声。李老师暗自得意起来："张涛啊张涛，这回看你还有什么话可说！"当李老师胸有成竹地推开门时，一下子愣住了：不是女孩是中年女人！原来，她是张涛的母亲。当李老师说出压在心里已久的疑虑时，张涛的母亲笑弯了腰。原来那个"女孩"就是她。随后，张涛的母亲跟着满腹狐疑的李老师来到办公室，说明情况。

原来，张涛以前非常懒散、贪玩，自理能力差，学习成绩更差。她想了很多方法，也没少打骂，可张涛的状况不但没有好转，他还和母亲疏远了。一个学心理学的朋友知道了情况后，帮她出了个主意——换个姿态对待孩子：过去是居高临下地拉拽提携孩子，以后改为由下往上推送孩子，变俯视为仰望。从那以后，她按朋友说的那样，把张涛当作自己期望的那样看待。比如，期望他学习成绩好，就把他当成尖子生看待，当单位进行文化达标时，她就虚心地请教张涛；期望他作文水平提高，就把他当成写作能手，自己写文章就让他帮着修改；期望他生活能力强，就把他当成足智多谋的成年人，当自己生活中遇到麻烦时就让他帮着出主意……结果，张涛不但进步飞速，而且跟母亲也特别亲了。听完，李老师发出了会心的微笑，心中的一块石头落了地。

威廉·詹姆士说："人类本质中最殷切的需求是渴望被肯定。"信任、依赖则是最大的肯定，它是一种成长的原动力。这种来自弱者的依赖和信任，给人积极的心理暗示：我是重要的！我是能干的！我是美好的！沉睡着的生命潜力被激活了。沉浸在成功的喜悦和自豪中的心灵，会不由自主地朝着被仰望的高度靠近。

在人们的观念中，家长、老师在孩子们面前，是教育者，是权威。其实，孩子潜藏的巨大能量是成人难以达到的。不是吗，每一个卓越的人都超过了他的师长。收起居高临下的指责、苛求、挑剔，降低心理年龄，对孩子虚心点、信任点、依赖点，才是一种教育的大智慧。

把孩子搁置在脚下俯视他，无异于对人格的践踏，他所具有的潜质也会在自卑、自弃中散落成沙；把孩子举上头顶仰望他，稚嫩的心灵会获得自信和力量，他会向天空的高度豪迈而幸福地伸展。仰望，是面对孩子时应有的姿态。

别动辄就说“请家长”

江苏省泗洪县实验小学　魏　田

教室里、办公室里经常会听到老师这样说：“如果你再不好好学，就请你把家长叫来……”今天在办公室里又发生了这样的一幕。

下课铃响后，隔壁班的陈老师气呼呼地来到办公室，后面跟着几个学生，个个愁眉苦脸的。一看就知道，肯定是他们的作业没有认真做或没完成。陈老师刚一坐下，就大声地说道：“你们几个，快打电话请家长来！如果家长叫不来，你们就别想上课！你们平时好吃懒做，为什么这一点作业都完成不了……”陈老师讲得滔滔不绝，可几个学生任他东西南北风，丝毫没有行动的意思。这下可把陈老师气坏了，马上把班主任请来，一同处理这几个不听话的学生。班主任和陈老师很快达成共识，无论如何今天都必须将几个学生的家长请来。这下，孩子们都傻眼了，没想到这回是真的！

班主任拿起电话一个个地请家长，不一会儿，几个家长来了。学生退缩到了一边，后来就到教室里上课去了。陈老师苦口婆心地对家长讲如何辅导孩子，孩子在学校的表现如何，有些家长懂些道理的能听些进去，有的家长从话语中却听得出特别护着孩子。一个家长说："陈老师，我的孩子我一点不吹嘘，到家以后就做作业，习惯特别好！"陈老师："可他做作业态度不认真啊，错误率挺高的。""那我就没办法了，我自己也没文化，又不认识字。他爸爸也没时间，就靠你们当老师的多照顾了！"就这样谈话进行了半天，谈来谈去家长都谈孩子如何调皮自己没办法，从言语、表情好似拿自己孩子没办法。陈老师见谈话谈下去也不会有结果，就草草结束了谈话。"请家长"就这样不了了之了。

遇事就"请家长"的现象在许多学校并不少见，我认为在教育孩子的过程中，"请家长"要慎重，不能随便拿这个来威胁学生，要量力而行，否则还会适得其反呢！

"请家长"要选择时间

叫家长来学校交流不是不可以，但要选择好时间。对于城里的老师来说，与家长交流相对比较容易。因为留守儿童比较少，家长大多是在本地有固定工作的人。有些教师遇到孩子调皮、没写作业或作业丢家里等情况就马上一个电话让家长来学校，其实我们更需要为那些家长考虑一下，他们在工作中是否有条件请假。可能老师们会说，一家一个孩子，他们不应该重视吗？殊不知，家长也有自己的难处呀！有不少熟悉的家长朋友和我抱怨说，有好多次上班期间接到老师的"命令"后急忙赶到学校，结果遭到单位领导的批评。其实，这样更会出现一个恶性循环，家长被老师请到学校，轻则告知孩子情况，重则劈头盖脸地挨批评，回去后说不定还会被自己的领导批评，那么孩子回到家后，自然会被家长批评或打骂。从此，家长再也不会主动到学校为了解孩子的情况与老师沟通了，这也怪不得一些家长说："每次到学校都是硬着头皮去的！"

由此，我想告诉老师们"请家长"要选择好时间，事先通过孩子或电话预约，让家长在有准备的情况下来学校，遇到孩子调皮或违纪情况要先冷静再处理。

“请家长”要有所准备

我们在工作中会发现，有些调皮、懒惰或表现差的孩子其实和他们的家庭有着很大的关系，这些家长有些是忙于生意，疏于管理孩子；有些是游手好闲，好吃懒做；有些是打工在外，文化较低；有些是溺爱孩子，一味偏袒……对于这些孩子，我们在叫家长到校前要做好充分的准备，否则叫等于不叫，有时还适得其反。如我去年新接手的班级里有一个孩子，年龄比较小，家长特别娇惯，在学校稍微有一点小事都要找老师算账。在四年级刚分班时，以前的班主任告诉我关于这孩子的两件事情，说话时一脸的气愤。一次是因为孩子没做作业，她批评了孩子几句，孩子什么也没说就哭，于是孩子的爸爸找到学校当着全班学生的面骂了这位老师，气得这位老师一天没吃饭；另外一次是音乐老师在上课时，把录音机放在他的桌子上教学，孩子回家后告诉了家长，他妈妈当天晚上把这位老师告到校长那里，添油加醋地说这位老师如何如何的差。我知道这位班主任是提醒我要小心这个孩子，我很感激她。我知道对于这样的家长，是需要好好沟通一下的。刚开学，家长就主动找到我谈了孩子的很多事情，目的只有一个，就是想让我好好关照这个孩子，对于她的要求我非常痛快地答应了。接下来一段时间相安无事，其实我每天都在观察记录这个孩子，他在学校的表现我都记录在案，每犯一次错误，我都会请他写在我的本上并且签名，两个星期后我将家长请来，拿出我的本子给他看，孩子表现优秀的地方以及所犯的错误我都有记录，从此家长不再找老师的麻烦，因为她知道我是一个不好惹的老师，她更知道自己的孩子并不是像她想象的那样完美，这就叫“知己知彼，百战百胜”。

“请家长”要尊重学生

老师们在做出“请家长”的决定之前，首先要确定自己这样做的目的是什么。老师们要明白，我们请家长来主要的目的是沟通。经常会听到有的老师这样说：“我们班某某孩子太让我生气了，这星期我一定要请家长来好好训斥一番！”类似于这样的话，大家应该不陌生。笔者认为如果怀着这样的心态去和家长沟通的话，家长和学校之间的关系会越来越僵。我们请家长来学校沟通，首先要尊重家长，更要尊重学生。有的老师甚至当着家长的面数落孩子如何如何不听话，试想作为家长在众人面前还有何颜面呢？同时随着孩子年龄的增长，自尊心也在增强，这样批评孩子，孩子自己从心理上也接受不了呀！

随着现代经济的发展，通信手段的发达，老师与家长的沟通变得方便起来。“请家长”在校园里渐渐流行起来，而传统的“家访”却慢慢被人淡忘。“请家长”即是让家长来学校，而“家访”是教师主动前去沟通，比较起来，后者更利于老师与家长的沟通，我们呼吁老师们要慎重对待“请家长”的做法，多发扬一下传统的方式！

班主任的快乐管理能力

广东省电白县电海中学　陈炳东

快乐是一种状态，是一种感觉，也是一种竞争力。

快乐的班集体是师生、生生之间相互尊重、互相信任的班集体，是人尽其才、公平竞争的班集体。而一个弥漫着不快乐气氛的班级，则是缺乏凝聚力的班级。

很多年过去了，我还清楚地记得，我们学校曾经有一个班级，许多学生要求转班。学校领导问他们为何要转班，他们的答案竟然一致——在这个班级他们感觉很不愉快。不知这个班的班主任是否知道，正是因为他没为班级创造一种快乐的学习和生活的气氛，所以才导致许多学生要求转班。

最近，在北京、上海、广州三地进行的一项调查显示，被访者中有60%的人明确表示自己在学校的生活并不快乐。一个士气低落、人心涣散的班集体，能够让学生健康成长吗？

在此，我们有必要提及在管理学发展史上占有重要地位的“霍桑实验”。

霍桑是一家专门制造电话机的工厂，设备完善、福利优越，具有良好的娱乐设施、医疗制度和养老金制度，但生产效率一直不理想。1929年，哈佛大学教授梅奥率领一个研究小组到霍桑进行了一系列的考察与研究，结果发现：原来假定对工厂生产效率起影响作用的照明条件、休息时间以及薪资待遇与工作效率的相关性很弱，工厂内的群体气氛和工人的工作情绪、责任感与工作效率的相关程度反而较高。换言之，职工士气、生产效率主要决定于职工与管理人员以及职工与职工之间的关系是否融洽等心理环境，而非工作条件等物理环境。

“当机器越来越像人的时候，人不能越来越像机器。管理是任务，管理是原则，但管理本身也是管理人。”

那些只关注班级量化成绩，但从不关心学生的精神面貌、人际关系与学生个人发展的班主任们应该深思：眼睛除了盯着班级量化成绩外，还要在创新班级文化方面动动脑筋。经验表明，同一个学校，在相同的管理体系下，仅仅因班主任采取不同的管理手段，学生的精神状态有着很大差异。毕竟，所有学生都希望受到尊重，希望在社会认同、自我实现等高层次需求上得到满足。“霍桑实验”提醒我们，高明的班主任方能造就快乐的班集体，快乐的学生才会有健全的人格。要想创建一个优秀的班集体，我们的班主任们都要努力成为营造宽松学习环境的专家，使学生“学习并快乐着”。

2005年7月，微软前全球副总裁李开复转投Google，担任其全球副总裁及中国区总裁，这一举动不仅引来微软的大动干戈，也让业界人士深感震惊。当被问及跳槽原因时，李开复如是说：“很多人说是Google花了钱让猎头公司来找我，其实没有这回事，是我自己找Google的。因为我想回中国，而且我听说很多朋友到了Google都非常快乐。”

李开复的“快乐观”给我们的启示是：工作要出成绩，就要有一个快乐的工作环境；学生要健康成长，缺少不了一个快乐的班集体。而这些，都考验着班主任的班级快乐管理能力。

批评学生要避免“超限效应”

湖南省永州市第九中学　严丽荣

著名作家马克·吐温有一次在教堂听牧师演讲。最初，他觉得牧师讲得很好，使人感动，就准备捐款，并掏出自己所有的钱。又过了十分钟，牧师还没有讲完，他就有些不耐烦了，决定只捐一些零钱。又过了十分钟，牧师还没有讲完，他决定一分也不捐了。当牧师终于结束了冗长的演讲时，马克·吐温由于气愤，不仅未捐钱，相反还从盘子里偷了2元钱。这种刺激过多、过强或作用时间过久，而引起极不耐烦或逆反心理的现象，被人们称之为“超限效应”。

在班级管理中，我们时常可见这种超限效应的出现。

某初一学生早晨喝完牛奶，就随手从宿舍楼上窗户往下扔空牛奶盒子，正巧打着了楼下的一位学生。事情闹到了老师那里，乱扔盒子的学生被其班主任“请”到了办公室——

“你知道这种行为的严重后果吗？”班主任厉声质问。

“知道！”学生低着头说。

“知道怎么还扔？”班主任非常生气地反问。

“老师，我错了，我以后再也不往下扔东西了！”这时，学生眼里的泪水已在打转。

“你不想想，楼上的东西能随便往下扔吗？”

“幸亏你扔的是纸盒，如果是铁盒、砖块呢？还不给人家脑袋砸破？”

“万一砸出人命来怎么办？”

“你能担得起这个责任吗？”

“你要去坐牢！”

……

班主任连连质问、斥责，由纸盒而铁盒而砖块而人命……说了一大堆，越说越严重，越说越玄乎，似乎还不过意，仍想继续“发挥”，但这时，学生已变得充耳不闻，表情淡漠了。

学生犯了错，班主任对其问题进行适当的拓展与延伸，使学生清楚地看到自己的错误所在并认识到问题的要害，从中受到教育、获得启迪，这本没有错；但在某些时候，班主任太多、太随意的“发挥”，就成了“过度”教育，反而引起学生心理烦躁甚至让学生产生逆反心理，使原本简单的教育变得复杂起来，成为对学生的一种新的伤害。

这种超限效应更多地出现在后进生转化工作中。由于后进生意志品质不够完善，自我约束能力比较弱，在转变中有反复行为也是一种必然，但有的班主任沉不住气了，失去教育的耐心了，抓住他们的一次反复行为，就一而再、再而三地重复同样的批评，甚至还“翻老账”、“揭老底”，使他们烦不胜烦，厌烦至极，不仅加重了后进生的精神负担，使他们丧失了进步的信心，也造成了师生感情上的疏远，导致前期转化工作前功尽弃。从心理角度上讲，第一次挨批评时，学生的厌烦心理并不太大，但是在第二次，往往使厌烦度倍增，如果再来第三次、第四次……那么批评的累加效应就会更大，厌烦心理也会以几何级数增加，甚或因此演变成反抗心理，发展到不可收拾的地步。

“过犹不及”，“物极必反”，为避免这种超限效应在批评学生时出现，班主任首先要把握好教育的“度”，切忌“化小为大”、“化短为长”、“化轻为重”、大肆渲染、无限上纲、自由延伸，学会见好就收，自觉控制不良情绪，能少说的就不多说（当然不是放弃教育、放任学生），留点精力给自己，多点时间给学生，让他们自己去反思，培养他们的自省意识，使他们学会自我教育和自我发展。其次，班主任应该注意，学生犯了一次错，只能批评一次，千万不要对同一件错事重复同样的批评，即使有强调的必要，也最好换个角度进行。这样，学生也许不会觉得同样的错误一再被老师“穷追不舍”，厌烦心理、对立情绪就会随之减低。

寻找失落的个性

福建省厦门市教育科学研究院　章立早

有一位教育专家在一次讲座中，在黑板上写出“2、4、6、8、9”五个数字，然后问听众：“这五个数字中，哪个最有特点？”许多听众都说“9”最有特点，因为唯独“9”是奇数。这位教育专家又问：“谁有不同的意见？”静场了一阵后，有一位听众站起来说：“如果从不同的角度看，每个数字都可以说是最有特点的。”教育专家满意地点了点头。是啊，从大小的角度看，在这五个数字中“2”是最小的，这不是最有特点吗？“4”比一个数字大，比三个数字小，其他四个数字能达到这个要求吗？由此看来，这个问题的最佳答案是“每个数字都最有特点”。

事实上，我们的学生由于在遗传素质、家庭环境、兴趣爱好以及年龄特征等方面的不一样，他们就像上述的数字一样都具有各自的特点。正因为这样，我们的教育必须追求的目标就是：要根据每个学生的特点，为他们创造一个广阔、自由的个性发展空间，提供一个顺应禀赋和开发潜能的机会，并通过因材施教等方法去塑造学生的个性。著名教育家陶行知有句名言：“教育是农业，而不是工业。”也就是说，教育要培育的是一棵棵千姿百态的麦苗，而不是工业化流水线上千篇一律的产品。从某种意义上讲，能否根据每个学生的特点去塑造学生的个性，是衡量我们的教育是否达到理想境界的一个重要指标。

塑造学生的个性，是“一切为了学生，为了学生的一切，为了一切的学生”这种“以人为本”的理念在教育上的体现，是适应未来社会多样化发展的需要，它符合学生要求能动、主动发展的心理需求和因材施教的教育规律，真正落实了学生的主体地位和重视了学生自我价值的实现，它与建设社会主义市场经济、培养创新精神和能力的时代是高度契合的。

可长期以来，我们的教育总是力求用一个模式来塑造学生，特别强调在课程、教学方法、评价标准等方面要整齐划一，甚至在一些具体要求上也要求步调一致，决不允许学生有任何“出格”的行为，更没有人质疑这些“格子”本身是否合理，是否限制了学生个性。例如许多教师要求学生上课不得插嘴，发言或回答问题必须举手；上课必须坐得端端正正，双手要放到背后……究其原因：我们在教育上不但缺乏宽松、和谐的氛围，而且充斥着整齐划一的教育要求和呆板僵化的教学方法。这样做的结果导致学生过早地失去了天真活泼的秉性，彼此之间原有的个体差异逐步缩小了，棱角被磨平了，潜能未能被很好地挖掘，最终都成为千人一面的墨守成规者。这可是我们教育的莫大悲哀！

毫无疑问，作为大规模培养学生的现代学校的教育，必须建立相应的制度、规范、培养目标和质量标准，也就是说要有统一的要求，但每个学生又是活生生的人，他们之间存在着巨大的个体差异，如果没有一点让学生自由发展的多样化的空间，教育就成了工业化生产流水线，难以适应不同学生的不同需要，更谈不上塑造学生的个性了。

据说有些外国教育学者对我国学生的评价是："中国学生的优点是听话，缺点是太听话。""太听话"的学生往往缺乏主见，而缺乏主见的人其表现就是唯唯诺诺。谁会相信一个唯唯诺诺、缺乏个性的人将来能有作为呢？一个人之所以被称为"人才"，这个人必然有自己的特点，必然有与众不同之处，即必然是一个富有个性的人。所以，许多教育专家认同这么一个观点：学生有缺点不可怕，可怕的是学生没有特点、没有个性。我们每位教育工作者务必记住这么一句名言：教育的目的不是让学生或像他，或像你，或像我，而是让学生像他们自己。

塑造学生的个性，必须成为我们的教育所要追求的目标！

有感于韩国孩子的礼貌教育

江苏省连云港市墟沟小学　张　萍

下午在网络上游逛，在"连云港市网上家长学校"中看到这样一篇文章——《韩国：礼貌教育无处不在》，非常赞同文章中有关韩国孩子懂礼貌的描述。我是一个韩剧迷，在看韩剧的过程中，感受最深的就是韩国人的礼貌修养。无论是家庭内部的成员之间，还是公司的同事、相识的朋友，他们见面和离开时都是很有礼貌地表示问候和道别的。不由得想到我们国内的礼貌教育，似乎我们也在进行着这方面的努力。作为一个教育工作者，我还是有资格发表这样的评论的。我本人也经常对学生进行此类教育：要尊敬师长，团结同学；见到老师要问好；在家要听父母长辈的话，不能顶撞……事实上，我们看到的教育效果似乎并不明显。我们见到的情况往往是：学生见到认识的老师能打招呼，见面叫声“老师好”！对于不认识的老师，往往是视若未见。有的学生在校园里能跟老师问好，到校园外却设法躲避。在主动向老师问好这一方面，低年级的学生往往比高年级的学生做得好。

归结原因，我想其中很重要的一方面与教育的力度有关。虽然礼貌教育仍为当今学校教育的组成部分，但我的感觉是宣传强化的力度还远远不够。记得我们上小学的时候，那时候流行“五讲四美三热爱”，“五讲”的其中一“讲”就是“讲礼貌”。虽然过去了这么多年，如今也不再流行“五讲”的说法，但言简意赅的教育准则却深深地扎根于我们那一代人的心里。

如今，提倡个性化教育，一个学校一个校规，一个班级一个班规，校长、班主任殚精竭虑，构思出学校、班级的一套套“校规”“班训”，说实话，我自己班的班规都记不清，不知道这些孩子们现在或是将来能记得多少。而无论是“校规”还是“班训”，细细琢磨，好像都没有把“礼貌”教育摆到重要的位置。我的感觉是现在的学校特别重视“安全教育”，几乎每次开会领导都会强调这个安全那个安全，然后班主任回去传达。我本人觉得强调安全无可厚非，毕竟生命才是最珍贵的。但是不是安全了就可以了呢？我们一直都在喊“提高全民族的素质”，那么怎么样才能提高民族的素质呢？也许有人说通过教育提高人的文化层次、学历层次，我认为仅有这些是不够的，所谓“有才无德”，不就是说这一类的人吗？传统的并不一定就是需要改革的、摒弃的。中华民族向来就是礼仪之邦，向来崇尚礼貌待人接物，崇尚尊老爱幼，可这一传统似乎并没有得到发扬光大。

态度决定高度，我一直笃信这句话。世人对礼貌的重视程度，影响着学校教育对礼貌的重视程度；教师对礼貌教育的重视程度，影响其实施礼貌教育的行为力度。如我校三年级有一个班，这个班级的学生大都能做到“见到老师问好”，无论是认识的还是不认识的老师。很多次在校园中，在走道上，我们能看到陌生的孩子在我面前停下脚步行队礼致意“老师好”。有一次，无意中几个同事谈论起这个话题，大家都证实是这一个班的学生在坚持这样做着。据说是该班班主任特别重视孩子礼貌教育，从一年级入学开始，该班主任就这样努力地教育着、坚持着。由此看来，学校教育的力量对于提高孩子的文明礼貌程度是很重要的。

另一方面，周围环境的影响也是影响孩子礼貌程度的很重要的原因之一。如果仅仅是在学校这个环境中对孩子施加这方面的影响，而家庭和社会没有对此进行认同和强化，孩子的礼貌习惯也不会轻易地形成。这也是许多家庭的孩子礼貌习惯不同的原因。同一个班级的孩子在学校接受相同的礼貌教育，可礼貌的程度往往是不一样的。在这方面，父母、家庭的影响巨大。我有一个同事，她的女儿特别懂礼貌，是我见过的周围孩子中最有礼貌的一个。我婆母住在一楼，经常会开着门。这孩子每天上学、放学会经过门前。每次经过门前，这孩子都会大声叫“奶奶好”。有时候她并未看到屋里的人，也照喊不误。如果看到我也在的话，她一定会再叫上“阿姨好”！听的人真是心里舒坦。我婆母经常啧啧赞叹：“也不知道人家胡老师怎么教育的，这孩子不知道有多懂礼貌。一天路过门前十遍，就会喊十遍‘奶奶好’，真是乖巧啊！”同时还不忘教育我的孩子：“孙子，你得好好向人家学学。”我的儿子以前也不怎么爱叫人，每次我教育他向长辈主动问好他总是显得为难加羞涩，现在大概是耳濡目染久了，如今也能主动向人问好了。

再一方面，相互尊重是礼貌延续的前提。这里想说的是，“相互尊重”既是同龄人之间的事，也是年龄层次相差较大，上下级之间，长辈晚辈之间，乃至师生之间的事。上面提到“尊老爱幼”，我想这个词组的含义是很多的。既是要我们不仅要尊敬老人，还要爱护少年儿童，又是告诫人们：年幼的尊敬年老的，年老的爱护年幼的，才能得到互相的关爱。同样道理，礼貌的延续也是以相互尊重为前提的。可生活中，这种相互尊重往往是不对等的。我们教育孩子向长辈主动问好，但并不意味着长辈就可以肆意践踏这种礼貌。在校园中，我们经常可以看到，孩子们主动向老师敬礼问好，而有的老师不知道是没在意还是麻木了，竟然面无表情地走过，没有回应，连个起码的微笑示意都没有。试想，假如是你，能连续几次接受这样的“回敬”吗？也许，就是这样的一次漠然而视，从此浇灭了孩子笑脸相向的热情，再也鼓不起勇气向老师问好了。其实，我们做教师的大可不必端着长者师者的架子，不仅要热情地回应学生的问候，也可以主动向学生问好，这样才能有助于改善师生关系，才能赢得更多的尊重，更多的笑脸。

小车无意撞大墙

山东省广饶县花官乡花官小学　高兆华

晚上到一位同事家串门，真是三句话不离本行，不觉中又聊起了教学生的事。

同事告诉我，他教着两个班的外语课，其中一个班有一两名学生特别令他生气。每次交作业都是三番五次地催不说，上课还不老实，故意捣乱。你正讲着课的时候，他的文具盒“哗啦”掉地下了；别人都在做题时，他“不小心”又踩着同桌的脚了；小组讨论问题时，自己不说还俏皮别人；集体回答问题时，他扯起嗓子“嗷”的一声，引来大家一阵笑，可是你让他回答吧，他又不会……为此，同事对他们批评了无数次，可是这几个“捣蛋鬼”仍屡教不改，面对这几颗“眼中钉”，气得这位老兄“真恨不得揍他们一顿！”

对同事的这种“遭遇”，我自然也是非常了解，我只是在想：难道这几名同学真的就是故意和老师作对吗？难道他们不知道这样做没有好结果吗？我想答案应该是否定的。小车应该无意撞大墙。论年龄，我们比他们大；论知识，我们比他们丰富；论阅历，他们更是无法和我们相比，这样悬殊的力量对比，难道他们真的就是想用鸡蛋来碰碰石头吗？学生固然有他调皮好动的一面，可是这不是问题的主要原因，作为教师，这时我们是不是应该认真反省一下自己呢？

首先看看自己的课堂教学是不是有足够的吸引力。在我们的学生当中，真正每一门功课都很优秀的学生并不多，大部分学生都会存在自己不太擅长的一些知识。就拿上面讲的几位学生来说，也许学习外语对他们来说是相当吃力的，如果教师的课堂教学再平淡无奇，机械乏味，那么时间长了学生就会对外语产生厌倦感，进而厌烦教这门课的教师。这时教师不要老是埋怨学生，而应该深刻反思一下自己，课堂上应该为学生创设什么样的课堂情景来吸引学生的注意力，应该采取什么样的教学方法使学生主动地参与到自己的课堂之中且乐此不疲。再就是认真审视一下自己的处理方式是不是合理。有些学生有着很强的表现欲，但是由于自己的学习成绩不好，既受不到教师的重视，又得不到同伴的赞许，为了满足自己的表现欲望，他们只能选择用不正常的行为来引起大家的注意。这时如果教师只是一味地粗暴批评，“见着他们就生气”，无形当中更激发了他们继续搞“恶作剧”的动力。这时就需要教师收起自己的冲动情绪，设身处地琢磨一下学生的心理，找到他们“叛逆”的根源，然后心平气和地进行面对面的沟通，动之以情，晓之以理，帮学生挪走心理上的那块“绊脚石”，同时尽量多为他们提供一些表现和证明自己的机会，让孩子重拾自信。

小车无意撞大墙，希望我们每一位教师都能像交警一样，用自己的真诚为孩子指明前进的方向！

别让感恩教育“欠账”

江苏省常州市青龙中学　贺克春

在一次班会课上，我给学生做了这么一道题，大概内容是有一对母子俩，因为旱灾不够两人的口粮，年迈的母亲让儿子背她到深山把她给葬了。在进山的路上，老母亲不断地往雪地里扔树枝，儿子不明白，老母亲说：“孩子啊，我是怕你把我扔了以后，自己找不着回家的路！”……要求是：结合短文内容，用简要的语言补写出省略号的内容。

结果是，全班47位学生，只有3位平时学习并不太好的学生，回答还令人满意！写道：“儿子听后，痛哭流涕说，有儿子的一口粮就有母亲的一口粮，绝对不会让母亲饿死，并把母亲背回了家。”除了有一部分学生没领悟题意，续写母亲的告别话外，还有相当一部分学生，包括班上的几个“品学兼优”的学生，竟然答道：儿子把母亲扔了后，顺着母亲丢的树枝路线回到了家！多么让人痛心的回答！是什么让他们年轻的生命如此的冷淡沉寂？亲情在他们的心中还占有多少的空间？是沉重的课业负担磨平了他们心中感知真善美的触角，还是父母们永恒的关爱反过来损伤了他们心中感恩的情思？

痛定思痛，我不得不开始深刻地反思我们现在的教育，反思我们学生思想道德建设的问题。其实，学校教育中一直都贯穿着感恩教育的内容，比如开“学会感恩”的主题班会，看有关感恩的电影《暖春》、《世上只有妈妈好》和节目《长大不容易》，教学生做“感恩的心”手语操等活动，有的学校甚至把“学会感恩”写进学生手册。但是因为有些内容离学生的生活比较远，学生缺乏亲身体会，感觉不到感恩与自己有关，教育方法显得绵软无力，教育效果虚无缥缈。再加上现在的学生的一切似乎很少属于自己，父母完全把孩子的将来当作一场赌博，而我们教师似乎也不可避免地充当了帮凶。当学生的生活内涵等同于“学习”时，当我们把衡量孩子是否优秀的尺度人为地局限在了只有成绩好坏这么一个尺码的标准时，在我们教育工作者那已经倾斜了的天平上，又怎么才能站立起感恩而正直的人？我们可以把感恩教育开展得轰轰烈烈，但对于学生来说，“热闹是你们的，我什么都没有”。可见，在道德教育的具体实施过程中，由于种种因素的干扰，我们有意无意地忽视和弱化了“感恩教育”，使“感恩”没有成为众多青少年自觉自愿的行动，使真正的感恩教育被荒废了或开始“欠账”。

面对学生那“无辜”的目光，我有点“力不从心”了。感恩教育，不单单靠课堂上、学校的教育，它要求家庭教育、社会环境教育都要配合！从根本上说，感恩不是靠我们教师“教”的，我们所能做到的也仅仅是给学生提供良好的成长环境，按照未来社会所需要的新公民的要求去影响和引导他们。学会感恩，更多的是需要有一种和谐的社会感恩氛围，而现在的学生缺少的正是这种感恩的社会心理基础。在我们周围严峻的现实是，公民感恩意识淡薄的现象时有发生。我们只要留心观察，就会发现那些受人恩惠，却不感激、不懂得感恩的人并不罕见。别人给了我恩惠，帮助了我，觉得是正常的事，这已是普遍的现象了。现实生活中这种现象反映在孩子身上尤为突出：因为我小，父母师长等给予我的关怀与帮助，是理所当然的，也是天经地义的。所以他们不觉得别人对他的那些付出就是恩，因此他也就没有什么感恩之举。特别是我们年轻人，有些行为已经到了触目惊心的地步。有的同学觉得花父母的钱是天经地义的，很少思考上学究竟是为了什么，所以父亲写给儿子的一封公开信在大学校园里出现后引起了广泛关注；有的同学常以自我为中心，缺乏责任感，总在抱怨国家和社会为我做了什么？学成后却留在他国，全然不顾祖国和父母对他的召唤……

教育是一种唤醒。感恩教育就是要唤醒青少年学生沉寂已久的感恩之心。这是需要有一定的舆论力量的！2006年“感动中国”人物中就不乏这样的典型。18岁的阳光青年黄舸，生命也许就要走到尽头，但是为了能面对面地对曾经帮助过他的人说声谢谢，从15岁开始，就和父亲用一辆三轮摩托车踏上了“感恩之旅”，开始在全国寻访素未谋面的恩人。他说：“到好心人的家门口说声谢谢，送上一束鲜花表达深深的谢意，是我最大的心愿。”而且他还希望把自己的眼角膜捐给需要的人。如此知恩图报的感恩之举，传播着民族的感动。从小吃过不少苦的霍英东热心公益，感恩国家和社会，他对社会的各类捐助金额接近200亿元。他说过一句话：人一生一定要做有意义的事，有钱，是给他一个机会，能对国家做自己的贡献。从他身上可以看出感恩是一种高贵的德行和深刻的愉悦自我的智慧。还有那些随处可见却塑造伟大的“微尘”已扩散成一个爱心群体，一个关爱他人的爱心符号和一个体现爱心的公益品牌。这种无形的感恩，时刻都在提醒我们对自己所拥有的一切事物要珍惜，将感恩化作一种充满爱意的行动，实践于生活中，让感恩成为一种责任、自立、自尊和追求阳光人生的精神境界。

岁月悠悠，无论是一个人还是一个民族，谁不曾施恩，谁不曾受恩。施恩勿念，受恩勿忘，永远是我们的处事情怀。所以对我们的父母、老师以及亲朋，更重要的是对我们的国家和社会，要怀感恩之心，要行报恩之举，这理应成为祖国每个公民的行为准则……我们全社会都要努力用感恩和善行，来唤醒那些只知索取不知回报的青少年学生们，使“感恩”成为每个人用一生去珍视的道德行为，别再让感恩教育“欠账”。

捧一颗善心给孩子

河北省承德市滦平县西地中心校　刘善泽

前天回家，冷风飕飕，看见两个小男孩在路边的楼根下，弯腰相向，把一只拼命挣扎的小猫当球扔来扔去。小猫发出无奈的、凄惨的哀号！两个小男孩随即发出洋洋得意的笑声。见此情景，我站住冲他们瞪眼：“谁让你们虐待猫的？赶快放了它！”

“叔叔，是我们好不容易抓住的。”

“放了！”我余气未消地说着，然后从他们的脚下抱起小猫，送到了楼口。

“喵——”，小猫回头看看我，一瘸一拐地上楼了。

走在回家的路上，我想：或许是孩子们整天憋在教室里，被枯燥的作业搅得头昏脑涨；或许是又挨了老师或班长的训斥，满肚子的委屈没处宣泄；抑或是在家里挨了爸妈的责骂或抽打，一身怨恨终于有了发泄的对象？……但无论什么原因，都说明我们的教育还存在着问题。

想起了教研室朱主任讲的一件事：一次，几位教研员在一所农村学校评选优质课，一位教师讲《西门豹治邺》。当讲到西门豹惩罚了巫婆，把她推下水，让她到龙王那里告诉一声‘一会儿送漂亮的姑娘来’时，老师问：“如果你是西门豹，你会怎么惩罚他们呢？”

一位同学站起来大声地说：“老师，如果我是西门豹，我会把巫婆、官吏、保甲统统抓起来，一个不剩地抽他们的筋，扒他们的皮，然后下油锅炸了他们，再扔到河里喂王八去！”

听课的几位教研员都毛骨悚然！

可老师却眉飞色舞地表扬了这位同学：“对，一定要狠狠整治一下这群残害百姓的贪官污吏!"

西门豹依法律整治巫婆，巫婆罪有应得；地方官吏们、乡里保甲们“不作为”，也应该受到惩罚，但“罪”不该“诛”，更不该“一个不剩地抽他们的筋，扒他们的皮，然后下油锅炸了他们，再扔到河里喂王八去”。小小年纪，心灵如此“残忍”，大了当官，也会不分青红皂白，一律严惩，那不是对人民的“造虐”吗?

我们的教育很“势利”，学生统考科目分数高就是好学生；我们的教育也很“短视”，老师教出高分的学生就是好老师。领导们或老师们不屑或不愿或不能打造一个“在精神上顶天立地的人”。正像我们全社会都狂热地膜拜“小品”一样，我们孩子的精神生活就是逗乐的手机短信，就是好玩的网络游戏。正像特级教师张丽钧所说，我们的教育“缺乏对孩子精神层面的关照”。

少年时代的我，一到冬天就常常和伙伴们捉麻雀、追山兔，拿到供销社换回小人书。但每次回来后都非但得不到母亲的夸奖，还会遭一通痛骂。母亲最见不得杀生，家里养的猫，老得走不动了，母亲还是把它看成家里的一员，吃饭时先给它盛；等它死去了，母亲就领着我们含泪把它埋掉。村子里来了讨饭的，家家户户都给，大人还会早早地看着狗，恐怕咬着讨饭人。淳朴的村风，厚道的村民，孕育出朴实的孩子。

我的小学老师是一位“右派分子”，他曾经教过我们一首诗：“钩帘归乳燕，穴牖出痴蝇。爱鼠常留饭，怜蛾不点灯。”后来我才知道，这是苏东坡的一首五言诗。简单的诗句后面有一颗博大的爱心：钩着而不敢放下窗帘，是为了让乳燕回来；看到冲撞窗户的愚痴苍蝇，赶紧打开窗门让它出去；担心家里的老鼠没东西吃，时常为它们留点饭菜；夜里不点灯，是因为爱惜飞蛾的生命！那时的教育衡量学生的标准，品德永远是第一位的，决不应“一俊遮百丑”。

就是现在，出差在外看到乞讨的残疾人，我也会把几元零钱递给他们。尽管同事们经常说他们是“一群职业乞讨者”、“白浪费感情”，可我还是不忍看他们呆滞的目光、无助的眼神，尤其是那些年岁较大的残疾人。今年夏天，金沟屯乡一位得小肠疝气的70多岁的老大爷在承德看病，缺少医疗费，家里也凑不齐，于是就“化缘”来到滦河。滦河一位税务干部给了300元，“指点”他到中心校找老师们解决。大爷到后说找校长。我这位副校长接待了他，给了我身上仅有的50元钱。无奈，中午只好骑车回家吃饭。

林清玄说：“我们如果只是对人的情爱有关怀，却不知道日落日升也有呼吸，不知道虫蚁鸟兽也有欢歌与哀伤，不知道云里风里也有远方的消息，不知道路边走过的每一只狗都有乞求或怒怨的眼神，甚至不知道无声里也有千言万语……那么我们就不能成为一个圆满的人。”

对自然的尊崇，对生命的怜惜，对卓越者的膜拜，对人类命运的忧戚……这些，都能唤醒孩子的善心，让孩子拥有一种伟大的精神。

老师们，捧一颗善心给孩子吧！

养花得出“育人经”

山东省利津县北宋镇一中　李德刚

我是个爱花之人，教了十年的书，也养了十年的花，书没教太好，花倒养了不少。说起养花，刚开始的时候也有一段失败经历，渐渐地，我在失败中逐渐总结出了经验教训。养花的经验有了，育人的经验也增长了不少，这就是我所谓的“育人经”。

要遵照孩子成长的自然规律，不刻意用自己的意志培育他们。

我养的第一盆花叫“龙舌兰”，是位老教师送的，他说这花好伺候，只要插到盆里就活，不过一定要少浇水。刚开始，我按着他的吩咐，一滴水都没有浇，过了几天，我看到盆里的沙土干裂了，心想再不浇水花就渴死了，忍不住往盆里浇了些水。几天后，也没看到它有什么异样，我想：既然说好伺候，浇点水没什么大不了的，老教师也太小心了。于是，我又向盆里浇了些水。这样，每隔几天，我就给它浇水，并且对它产生了感情，每天下班都要看看它。直到有一天，我发现龙舌兰叶径垂了下来，赶紧上前一看，不得了，花根都烂了，龙舌兰再也没有生还的希望。就这样，我的第一次养花以失败而告终。

这次养花经历让我明白了一个道理：育人和养花是一样的，不可过分地呵护孩子，要遵照他们成长的规律去培育他们，违反了自然规律，以自己的意志去关心、爱护他们，往往适得其反。

要培养孩子拥有承受环境挫折的能力，不可过分溺爱他们。

上次"草菅花命"让我难过了好长一段日子。但花又不可不养，于是我想从最好养的仙人球、常春藤、四季梅开始。有了上次的教训，我还真的把花养活了。入冬了，我怕花冻死，于是把花搬到了屋里的窗台上。可是，因窗台太小而放不下全部花，我只好保优丢劣，留下了一盆长势不好的在外面，稍加遮盖，心想，冻死就算了，以后就没再上心。

到了春暖时节，我把所有的花又都搬到了外面。谁知，在屋子里养得好好的花搬到外面后被风一吹，原来修长的枝干竟然被"闪"倒了。而在外面的那盆却枝粗叶茂，原来它早已适应了恶劣的环境。

看到这盆花，我就想起了那句话：培养在温室里的花草再娇艳也敌不过风雨的洗礼，只有那些经历了寒霜雪雨孕育的花草，才更加婀娜绚丽。

"宝剑锋从磨砺出，梅花香自苦寒来。"育人也是这个道理！我们教育孩子就像培育花草一样，越是溺爱他、心疼他们，不让他们经受一点挫折，不让他们在自然环境下经受风吹雨打的洗礼，他们就永远是娇嫩的。

教育孩子，我们不仅要教给他们知识，更应该培养他们健全的人格和吃苦耐劳的精神。让他们在社会生活中经受一些历练哪怕是挫折，对于他们的成长是有好处的。过分地溺爱孩子，生怕他们苦着、累着、冷着、热着，总像老母鸡用翅膀守护着小鸡一样，最终使孩子经受不住任何挫折和打击，这样的孩子永远也长不大。挫折，或许是最好的教育。

要多多关注那些不起眼的学生，发现他们的优点和长处。

养的花渐渐多起来了，窗台的承受力也越来越重，以至于每添一“新宠”，就要淘汰一些不起眼的或者其貌不扬的花。这样，那些“失宠”的便被我堆积在房前的空地里，任其自生自灭。

有一次，朋友来我家聊天，突然发现了扔在空地里的一盆吊兰，“这花你怎么扔掉呢!”

我不屑一顾地说：“太难看了，所以不想要。”

“不要光看它的外表，它能大量吸收空气中的甲醛，在净化装修污染方面，可算得上是冠军呢，现在好多新居都养它。它还是适应性极强的花，它抗旱耐涝，对环境从不挑剔，只要有一抔土就能生长……”

经过他这么一说，我才仔细审视这盆花，的确，同样是被扔在外面，其他花都已枯萎甚至死去了，而唯有这一盆还保持着顽强的生命力，靠着大自然的那点雨露恩泽，它的叶子似乎比过去更绿更长了些，而且长出了长长的梃，那是孕育幼小生命的基点，上面还顶着两朵洁白的小花，越看越觉得有灵气。真是“花不可貌相”啊。

原来养花不可光看其外表，还要知道其生长的价值，那些徒有其表的花有的甚至戕害人的身心健康。

我们这些教育者们有时不也是以貌取人，光看到学生中的佼佼者吗？对于那些不起眼的学生，老师却很少关注，甚至不去发现他们的优点，总认为他们一无是处。久而久之，这些不被关注的学生终会被老师的偏见所埋没。对花的偏见可以纠正，对人的偏见可能是抱憾终生的。如果我们做老师的不戴着有色眼镜看学生，而是认为每一个学生都有发展前途，对每一名学生都充满坚定不移的期待，说不定那些被抛弃的学生，真的就会在老师的期望下成长为有用的人才。

要时刻关注孩子的成长过程，不让他们偏离成长轨道。

有人说，养花是“三分养，七分管”，的确如此，我开始养花时也不懂得管理，以至于让花生得东一枝，西一杈的，看上去极为别扭，而且枝挺大，花却开得很少。行家告诉我，养花得注意修剪，不能让它徒生徒长，否则，既消耗了大量营养，还不美观。这时我才明白，养花不光是长得越大越好，还要整枝打理。我开始对花进行修剪，去尖、打顶、摘心、抹头、梳剪，样样都符合标准，除去那些徒生徒长的粗枝，而一些老枝败叶，则让它们吐出新枝新叶，以旺盛的生命力去迎接花期的到来。

作为一名辛勤的园丁，不但要经常给花浇水、施肥、松土、除虫，而且要时刻关注它们的生长过程，看它们有没有旁枝侧出，有没有残枝败叶，有没有徒生徒长，有没有偏离了生长轨道。我们培育孩子何尝不是这样，他们在成长过程中难免会走上歪路，如果我们这些园丁不及时“修剪”，把他们“扶正”，他们可能越歪越远，直至走上邪路。

人们常把教师比作“园丁”，把学生比作祖国的“花朵”，这个形象的比喻告诉我们，“养花”和“育人”，真是有着同样的道理。多年来，我在不断总结养花经验的同时，也在不断积累育人的方法，因为“育人”如同“养花”。

抓住教育的每一个契机

河北省滦县教师进修学校 霍明宝

“你是一个聪明、诚实、独特的小女孩。

“你有缺点，粗心大意是你的缺点。这一点你比男孩子有过之而无不及，你怎么能让你这么漂亮的一个小女孩，头上戴着一顶‘马大哈’帽子呢？我想你一定有决心把它摘掉，对吧！

“老师更欣赏你的优点，课堂上你经常有自己独到的想法和见解。从那常常不同于一般的阐述和回答中，我看到了你闪光的个性，你要永远都做个与众不同的你呦！

“克服缺点，发扬优点，努力学习科学文化知识，提高自身的各种素质。

“悦娇同学，希望你牢牢记住老师的这样一句话：‘我们默默期待多年后为你骄傲的那一天’。”

这是年终一位老师写在一个小学生的《小学生素质发展评价手册》“教师寄语”一栏中的话，这位教师抓住了年终对学生评价的契机，改变了以往对学生作单纯的或好或坏的评价的方式，而是在总结其长处与不足的同时，对每个学生给予热情的鼓励并提出殷切期望。

我们的课堂教学同样存在一个教育契机的问题。当学生提出问题时，是最佳的交流、引导学生深入探索问题，引发其好奇心的契机；当学生表现出对学习内容疑惑不解时，是最佳的开发学生智能，引导学生用智慧来学习的契机；当学生在课堂上不注意听讲，有厌烦心理和表现时，是教师最佳的教学反省、教法创新的契机；当学生勇于表现自我、敢于提出自己的独立见解时，是最佳的培养学生自主意识和创新意识的契机；当学生表现出对教学内容有浓厚兴趣时，是培养最佳的学科意识和学科爱好的契机；当学生在学习过程中自信心不强时，是最佳人文关怀的契机；当学生在分析问题和解决问题的过程中，思维逻辑不强、表述不清时，是最佳的训练学生思维方法和思维能力的契机……

然而，在许多情况下，并非令人满意，学生急需要帮助的时候，教师却没去帮助，令学生失望，导致灵性泯灭；在学生不需要帮助的时候，教师则没完没了地帮下去（不厌其烦地教、教、教），甚至越俎代庖，令学生生厌，灵性全无。这真是——辛辛苦苦帮倒忙，呕心沥血办蠢事。究其原因，我们的教师没有很好地抓住契机，因材施教。

契机，等不来，靠我们去创设；契机，埋藏得很深，要靠我们去探索，去挖掘；契机，稍纵即逝，靠我们去捕捉。一个有高度责任感的教师，应该把“好钢”用在“刀刃”上——适时把握教育教学的契机，在教师和学生之间建立起一种心灵感应，用爱心去营造一座座和学生相互沟通、理解、信任的心灵平台，用平等宽容的心态，去帮助学生填平“代沟”，使学生敢于并乐于走近你，愿意向你倾诉。然后，再艺术地对学生进行点化、暗示，使之顿悟。

教育教学把握了契机，就把握了成功。成功意味着什么？意味着能充分满足学生的好奇心、求知欲，意味着能充分激发学生的主动意识和进取精神，意味着教师教得有味，越教越想教；学生学得有趣，越学越想学。然而，我们的不少教师却忽略了它，以至于师生皆苦皆累，且均无所得。

夸美纽斯说过：“教师应当像全世界的太阳，站在高处，从那里他能同时对所有的人普照教学的光芒，而且同时能发出同样的光，均匀地照亮每一个人。”我们的教育既可能为学生的创新和发展提供契机，也可能扼杀学生创新的萌芽。因此，就需要我们的教师蹲下身来，走进孩子的心灵，捕捉契机，不失时机地去呵护、鼓励他们，鼓励他们去想象、去创造，只有这样，孩子们才能进入最佳的学习状态，才能获得最佳的学习实效，才能有效地培养创新精神和创新能力，教育的灵光才会不断闪现。

仅靠“规章制度”是“药不对症”

浙江省苍南县灵江小学　杨　聪

当前，时有“学生暴力攻击、伤害教师”的新闻报道，个别事件后果尤为严重。为此，很多教师忧心忡忡，认为教师的人身安全都难以保障，谈何教育教学？

前不久，笔者阅读了某论坛就此事进行的讨论，有网友认为，教师在对待学生的某些问题时，应该给学生一点尊严，留点面子。但也有人提出，问题是有些学生领你的情，知错就改；而有些学生，你给足了他们面子和尊严，他们不但不领情，反而不把你放在眼里。所以，要看具体情况而定，该给尊严给面子的就给，该处罚的，决不能姑息。

讨论的最后，大家都比较支持一位署名“水君”的老师的看法，他引用了黄全愈的《素质教育在美国》一书中的观点说：“在美国，学生一进校门，人手一册校规，违反了哪一条，自己对号入座，该受什么处罚，就会受到什么处罚。学生心里清楚这点，因而也非常具有规则意识。而我们的学生基本不知道自己的所作所为会受到什么样的处罚，学校和老师基本上也是临时决定怎么处理。而且现在社会上有一种流行的做法，就是动辄把什么处罚都与体罚、变相体罚联系起来，使学校的规范教育在教育学生的过程中大打折扣……现在出现‘学生暴力袭师’的现象，与我们的教育从一个传统的师道尊严的极端走到西方教育民主化的另一个极端有一定关系。其实中间有一个度的问题，我们不仅要看到西方教育民主、温和的一方面，更要看到其全部。”

笔者也赞同这位“水君”朋友的观点，我们学校的确也需要像《素质教育在美国》一书中所说的那样的规章制度。但是，我们又不能不思考这样一个问题：美国学校即便具备了那样完备的规章制度，可还是会出现“学生枪杀教师”的情况（美国学生得到枪容易，在我国则是板凳、菜刀之类），这比我们国家发生的教师被打被砸被砍更严重。虽然是少数，但也表明，就算有详尽的处罚制度作保障，也并不能真正避免类似问题。

假设我们学校已经有美国的那一套完备的处罚制度，如果教师处理“问题学生”时方法简单化，只会照“章”处罚，忽视了学生作为一个“人”的存在，甚至严重伤害了学生“自尊”，那谁能保证就不会再出现类似的悲剧呢？看看几年前的马加爵吧，作为一名大学生，他不会不知道杀人是犯法的吧？刑法对杀人的判决也不会不详尽吧？可他还是杀了好几个同学。为什么？就因为他觉得自己的“心灵”受伤害了，一直处于屈辱的地位，而那几个同学刚好点燃了他爆发的导火线。假如当时是某个老师对他做了类似的事和说了类似的话，那死的很可能就是老师了。或许有许多人认为这事很特殊，因为马加爵是心理有问题。是啊，现在出现这些“问题”的，确实是“心理”或多或少有问题的学生，要是心理没问题，他也不会走到这一步了。细细分析那些典型的“袭师”事件中的学生，就能发现这一点。可有些老师还是没看到“问题”的关节点，只凭着自己的情绪喊“对学生处罚太少”、“把学生当上帝了”、“我们的学校太需要处罚的规章制度了”等等。从表面上看，这类学生好像“无法无天”，最需要的是“处罚和惩戒”，但实质上由于在成长的过程中缺少家长和老师的关爱，缺乏生存环境对他们的关照，缺少信任之人对他们心灵的正确沟通和有效疏导，他们最需要的是有人、特别是师长们对他们“心”的解读与抚慰！

综上所述，我认为，学校的各项规章制度当然要完善，但更为重要的是教师的个人修养要提高，教育观念和方法要科学。因为前者是“一条条死死板板的白纸黑字”，而后者却是鲜活灵动充满智慧的“科学、艺术和情感”的融汇体！要知道，就算有很好的规章制度，给低水平的自身思想和观念有“问题”的教育者使用，也很可能用得无效，甚至用出悲剧来，而对真正有爱生之心又具备教育艺术与技巧的教育者来说，其实那个规章制度也无需去使用。

预防“学生暴力袭师”没有什么捷径可走，仅靠“规章制度”是远远不够的。有严重问题的学生多数是“心病”，心病还需“心药”医，唯有对症下药，方能见效。要是治“心病”总是用“处罚”型的“推拿术”，即便你是“妙手回春”的推拿高手，病人也会骂你，还可能动手打你，你岂不成了“庸医”？

两样人生的启示

山东省东平县接山乡教育办公室　栗明方

有一个女孩，她在读初中时，作文极好而数学极差，几次考试都不及格。为了对得起父母和老师，她硬生生地把数学题死背下来，三次小考，数学都得了满分。数学老师认为她成绩的提高百分之百是因为作弊。她是个倔强而又敏感的女孩，并不懂得适度地忍耐更能保护自己，就直言不讳地对老师说：“作弊，对我来说是不可能的，就算你是老师，也不能这样侮辱我。”结果，被冒犯了的老师气急败坏，单独给她发了一张她根本没有学过的方程式试题，让她当场吃了鸭蛋，之后拿蘸了墨汁的毛笔，在她眼眶四周涂了两个大圆饼，然后让她转身给全班看。又让她去大楼的走廊里走一圈。

这一事件的结果是：其一，让她休学在家，自闭了七八年，严重时，连与家人同坐一桌吃饭的勇气都没有；其二，养成了她终生悲观、敏感、孤独的性格。尽管她一生走过48个国家，写了26部作品，用她的作品帮助很多人树立起豁达、坚强的人生信念，但她自己始终走不出心灵的阴影。

假如，换一个睿智而又有爱心的老师，事情完全可以有更好的处理方式，不信，我们看看与她境况相同的另一个女孩的经历。

这个女孩同她一样，读初中时，国文也出奇的好，曾在年级的国文阅读测验中得过第一名，但数学相当糟糕，面对数学课本，就像面对天书，数学老师教的东西，她没一样能懂。她戏称自己为天生的“数学盲”。并且断言这种盲永远无药可救。她跌跌撞撞地读到初三时，数学要补考才能参加毕业考。她知道事态的严重，却无法左右事态的发展，只能整晚不睡觉，把一本《几何》从头背到尾，以尽人事。

第二天，上数学课时，老师讲到一半，忽然停下来，在黑板上写了4道题让全班演算。这没头没脑的4道题在下午补考之前出现在黑板上，又与正在教的内容毫无关系，再笨的学生也明白老师的良苦用心。

于是，她忽然就成了全班最受怜爱的人，几位同学边笑边叹气边把4道题的标准答案写出来教她背。她背会了3道，在下午的补考中得了75分，终于能够参加毕业考，终于毕了业。后来，初中最后的那堂数学课连同数学老师关切和怜爱的眼神，一并成为她生命中温馨美丽的记忆。

第一个故事的主人公是三毛，第二个故事的主人公是席慕蓉，她俩都是我深爱并曾为之痴迷的女作家。因为爱，所以好奇。为什么美丽倔强的三毛总让人心痛又让人绝望，而外表平常的席慕蓉却既让人心怡又令人神往？我坚信这与她们年少时在数学课上的经历有很大的关系。

三毛很不幸，她碰到的是一位看重成绩而忽视人格的、具有强烈的权威意识的数学老师。他为了维护自己那点可怜的尊严而滥用权力，给完全没有防范能力的三毛在精神上以致命的一击，让她穷尽毕生精力都无法从那种伤害中复原。

席慕蓉则非常幸运，她的数学老师并没有因为她在数学方面的不足而全盘否定她，于不动声色中放了她一马，让她有条件在更适合自己的领域里振翅高飞。在自己最不擅长的领域里，得到的都是发自内心的怜爱与关怀，难怪她对生命充满眷恋，对人世充满信心。作为一个极富才情的女子，她既有能力爱丈夫、爱孩子，充分享受亲情之乐，又用自己的诗、画和文章吸引和陶冶了无数的人。

我们对孩子寄予了无限的希望，希望孩子成才，三百六十行，行行是状元，因此恨不能让孩子一夜之间背会大百科全书，学会十八般武艺，因此每天的时间挤了再挤，各种补习班一个接着一个……可我们是否想过，孩子稚嫩的双肩是不是能承载起我们无边的“欲望”？孩子的承受能力是不是无边无限？我们都有吹气球的经验，吹到一定程度便不可强吹，超过一定限度，美丽的气球便将香销玉殒。揠苗助长的道理人人明白，可是揠苗助长的事我们干得却不亦乐乎。不管孩子想不想做、愿不愿做、能不能做，我们都一厢情愿地强迫他们做。我们总认为，我们做的一切都是为孩子的成长，可事实证明，结果往往事与愿违……气球是不能强吹的。

一个好的师者胜过一切，让我们的孩子快乐健康地成长，有信心和勇气面对未来的挑战，难道不是我们要追求的教育成果吗？每个孩子都正为自己的理想奋力打拼着，他们面对考试的压力，老师的管制和家长的苦口婆心，却找不到可以倾诉的人。他们的心灵其实是脆弱的、孤独的，在青春的花季雨季，正需要我们为他们导航，为他们缓解压力，为他们疗伤，为他们缝上飞翔的翅膀。教育需要爱，更需要智慧，在与孩子的朝夕相处中，孩子的欢乐、兴奋、惊奇、疑惑、恐惧和其内心的最细微的表现，都逃不过老师的眼睛，分担孩子的烦恼，分享孩子的快乐，做孩子成长的辅导者、倾听者和分享者，成为孩子最信任的人，是一种多么幸福的感觉，是一件多么神圣的事情。

“拾金不昧”遭遇尴尬

陈松信

拾金不昧是中华民族的传统美德，多少年来，教师们通过“乐羊子妻”、“甄彬还金”和“林积还珠”等故事来告诉学生其中的道理，让他们在潜移默化中受到教育。然而，“拾金不昧”也常常遭遇尴尬，这个问题值得每一个教师深思。

学校作为学生思想道德教育的主课堂、主阵地、主渠道，为了推崇“拾金不昧”等良好行为，使之得到不断传承，通常在文明班级评比中对于学生的拾金不昧行为，给予个人表扬和班级加分。但是，由于“拾金不昧”是学生个人的思想行为，学校在这项规定的执行过程中难以形成有效的机制，因此，常常出现学生拿着自己的钱物声称是路上捡到的把它上交的情况。

据观察，平时较为常见的是有些学生看到班上的同学因为拾金不昧受到了老师的表扬，心里非常羡慕，渴望自己也能够有受到表扬的机会。于是，就出现了有的学生拿自己的零花钱交公，有的学生拿使用过的文具交公，甚至还出现有的学生把同桌的东西拿去交公的现象。

对于集体荣誉感较强的学生，他们为了班级的荣誉，也常常钻空子，走捷径，通过“拾金不昧”行为为班级增加被评为文明班级的筹码。有一次，我班的周涛同学兴冲冲地跑到我的跟前，他很得意地对我说：“老师，我告诉你一个秘密，我们班的评比总分比二班少了1分，我刚才去办公室交了两块钱，这样一来，这一周的文明班级非我们莫属了!”当我得知周涛是用自己的零花钱交公这一情况后，我向他指出为班级争光的精神是好样的；但是，为了给班级加分采取的做法是不可取的，是弄虚作假的行为。周涛原以为会得到我的表扬，没料到却被我批了一顿，他一肚子委屈地走了。

还有个别学生因为违反了学校的规章制度，致使班级在评比中被扣了分，为了“将功赎罪”，他们在事后拿着自己的零花钱去交公。记得有一天，我班的马小城同学因为与人吵架，班级被扣了分，我当时非常生气，就对他进行了严厉的批评。可是他却满不在乎地跟我说，他也有立功的表现，因为“拾金不昧”为班级加了分。我知道他是自己掏腰包却冠以“拾金不昧”的行为，就指责他这是一错再错，可是，他死活都不肯承认是拿自己的钱交公的，硬说是在操场上捡到的，由于无从考证，最后也就不了了之。

学生捐钱捐物“献爱心”是件好事，学生能够为集体的荣誉着想是件可喜的事情，学生想得到老师的表扬也没有错，但是，关键在于学生曲解了“拾金不昧”的道理，混淆了“拾金不昧”和“献爱心”两者之间的关系，美其名曰为“拾金不昧”，真实的目的却在于让自己受到表扬，让班级得到加分。特别值得我们每一个教师深思的是，学生的这一行为非但没有受到应有的批评教育，反而受到了表扬，班级在文明班级评比中也得到了加分。拾金不昧遭遇如此尴尬，学校和教师都难辞其咎。作为学校，推崇“拾金不昧”的行为是必须的，但是在执行相关规定的时候，应当力求科学严谨，全面考虑是否有利于学生的发展，是否有利于创造良好的学校氛围。而作为班主任更是应该在平时的教育教学工作中关注每一个学生，对于那些个别学生拿自己的零花钱却冠之以“拾金不昧”的名义交公的情况，绝对不可以睁一只眼闭一只眼、听之任之，应该给他们摆事实、讲道理，加强对他们的教育、引导。否则，在学生的心里，认为钱是万能的，钱可以买到书本，可以买到荣誉，甚至可以买到一切自己想要的东西，并且从小就学会了弄虚作假，远离了诚信，长此下去，将来他们怎能成为国家的栋梁之材！

为学生打开一扇窗

福建省漳州市长泰县陈巷镇戴乾小学　戴欣欣

今天，轮到我值日，我来回巡逻着，习惯性地扫视着四周。

忽然，一男生乐颠颠地朝我跑来，笑眯眯地对我说："校长，您还记得我吗？"我打开搜索引擎，在记忆的木匣中使劲寻找着：是我教过的某一班的学生，是被表扬过的学生，还是某次重点谈话的对象？望着他熟悉的面庞，可爱的笑容，可我怎么也记不起他是哪个年级哪个班的哪位学生了。见我迟迟不语，他心急了，说："您不记得了吗？上回我因为吃零食上了学校的培训班，您说希望在学校的表彰大会或是文明劝导员会议时咱们再见面。我做到了！今天，我真的成了一名文明劝导员啦！"说完，他乐呵呵地笑着，笑得如同这个春日阴雨后暖暖的阳光一般。

我压根儿没想到他还记着那陈年旧事。那是前年秋季，学校被烧烤、炸鸡条、烤红薯、珍珠奶茶等卫生状况极差的零食摊档所包围，每当入校前或放学后，各个零食小摊总是围满了学生。油锅发出呛人的油烟味，锅里的油泛黑；卖羊肉串的小贩一手收钱一手烤肉；那边一群学生正抓着炸鸡腿狼吞虎咽，地上则是塑料袋、红薯皮、矿泉水瓶横陈，使人看了极不舒服。于是，我下令各班找出最喜欢吃零食的同学，参加学校的培训班。

美其名曰培训班，实际上是思想政治课，可我并不想板着面孔说教。当一百来号学生惴惴不安地坐在大会议室时，我开口了："食，人生一大乐趣也。美食，更是抵挡不住的诱惑。老师小时候也有零食情结，野果、冰棍儿、爆米花……都曾经是口中珍物……"

此话一出，全场皆笑。笑过之余，我让学生分成正反双方，说一说零食的好处与坏处。接着，在一番唇枪剑中，“敌敌畏金华火腿”、毒大米、毒粉丝、陈馅月饼、地沟油……各种不卫生的代名词进入了学生的视野；一条条有关零食的罪状被罗列了出来：如对身体不利，营养没怎么摄入，脂肪倒补进一大堆；再比如中午吃饭，饭菜不对胃口，吃一半倒一半的大有人在，有的甚至看一眼，倒掉了就到小卖部报到。当然也有谈到零食的好处的：如解决饥饿，补充营养等。经过讨论，大家感受到：吃零食好处不多，坏处倒不少，不宜过量吃，一是对胃不好，二会造成缺钱干坏事，三是到处乱扔食品袋会污染环境。我说：“吃零食不是错，但要讲究卫生，讲究地点，讲究营养，要吃出健康，吃出品味来，如写一写与美食有关的文章，懂得在合适的地方吃零食，懂得保护环境卫生。”最后，我慷慨陈词道：“希望大伙能正确对待零食，不说再见，也不迷恋。该吃就吃，该舍就舍。衷心希望下次与同学们见面时是在学校的表彰大会上或是文明劝导员的会议上。大家能做到吗?”“能!”回答我的是一片响亮齐整的声音。

声音是整齐的，但是步调并不一致，时至今日，还是有个别学生在零食摊前流连忘返。而今天，当他站在我面前，快乐地向我报告着他的成长时，我深深地感动了：两年前的一次谈话，他居然记得如此之牢，并催开了他向往文明、期待进步、渴望成功的理想之花，这怎么能不令我动容呢？偶然的一席话，能够改变一个人的陋习，为他打开一扇窗，指明前进的方向，这就是为师者最大的幸福与乐趣了。

儿童是在成人的期待中长大的。卡耐基小时候是个大家公认的坏男孩。当年他继母的一句“你错了，他不是全郡最坏的男孩，而是最聪明、但还没有找到发泄热忱的地方的男孩”成为激励他的一种动力，使他日后创造了成功的28项黄金法则，帮助千千万万的普通人走上成功和致富的光明大道。我不敢奢望那番话能改写他的人生，使他成为卡耐基一样出类拔萃的人，但我想他会是一个拥有良好品行的真正的人，大写的人。真正的教育是建立在尊重与信任的基础上的，是建立在宽容与乐观的期待上的。让我们用宁静的心态、平和的心情“给无助的心灵带来希望，给稚嫩的双手带来力量，给迷蒙的双眼带来清明，给孱弱的身躯带来强健，给弯曲的脊梁带来挺拔，给卑微的念头带来自信。”（肖川）

望着夕阳余晖下那张生动的脸庞，我高声地说：“你真棒！加油呀！老师期待你更大的成功！”“我会的！请相信我！”他坚定地说道。我仿佛看到一朵希望之花正盛开在他的心坎上。

智慧：教育的灵魂

——一位“差班班主任”的自述

河南省信阳市第十三小学　乐　兵

“教育，是一门技术，更是一门艺术，成功的教育是智慧的结晶。”带着这一理念，自毕业从教十年来，我先后“转战”过三所小学，多次拒绝学校领导让我带“实验班”的安排，接手的全是清一色的所谓“双差”（学习差、纪律差）班，但我运用智慧，都顺利地把学生们送出了小学的大门。

智慧的开场白：与孩子们的第一次见面，我从没有豪言壮语，只是在孩子们期待和挑衅的目光中，默默拿起粉笔，转身，从容不迫地在黑板上写下了一个小小的“兵”字，让孩子们解释，之后，我说：“这是本人的名字，兵者，卒子也，自今日始，我就成了你们中普通的一员了，是你们的兄弟了，请多帮助。”说着，我还会向孩子们敬个军礼，接着，我又在“兵”旁边写了个大大的“乐”字，让孩子们注音组词，然后，我总结道：“这是本人的姓，很荣幸，本人的一姓就占了《百家姓》的两家。我到底姓什么不重要，重要的是希望我的加入能使你们每天生活在音乐里，时时刻刻快快乐乐!”智慧的自我介绍每次都能赢得孩子们的掌声和认同。

智慧的班会课：第一次班会课，我都会告诉孩子们：“战友们，我既然是你们中的一‘兵’，今天，我们就开一个‘战斗分析会’，看谁是我们最大的‘敌人’，让我们共同来制订一个‘作战方案’，‘消灭’他们。”自然而然，孩子们把矛头一致对准了家长，而我都会满口答应帮他们“对付”家长，并承诺任何情况下都不请家长，永远不向家长告状。不急于改变因家长对孩子过高要求而产生的对立，先与孩子们站在同一“战壕”，取得孩子们的信任，为以后开展亲情教育扫清心理障碍，让其先亲其师，后信其道。

智慧的借贷：对那些因成绩不好，常吃家长“皮带炒肉”的孩子，第一次测试成绩出来后，我都会一个个找他们谈话，问他们多少分才能让家长满意，不至于挨打，然后，就把分借给他们，卷面上出现了让家长满意的分数，而真实的成绩只有我和孩子两人知道。当然，分不是白借的，是有条件的，根据孩子们学习情况的不同，我把他们的分数“贷款”分为“无息贷款”——借多少分下次要还多少分；“低息贷款”——下次考试要超过借的分；对个别学生甚至放“高利贷”——成倍甚至几倍地考过所借的分数。为了监督孩子们的“还贷”情况，我还为每个孩子制作了“借贷偿还诚信档案”，如发现“不变贷款”，我就及时向孩子们发出警告，直至撤销其“贷款”资格。既要实现帮孩子共同“对付”家长的诺言，也不能忘记对他们自身成绩提高的教育。

智慧的补差：课余给学困生补课，是最常用的补差方式，但效果往往并不太理想，既费时费力，又挫伤了他们的自尊心，而我是把惯常的为学困生补课变成提前学习。这样，每次在课堂讲授的新知识都是学困生已学过的内容，因此，他们在课堂上就不会因听不懂而不听讲甚至捣乱，相反的，学困生会因提前学过而对老师提问更加积极地去回答。这样，既提高了学困生的学习积极性，又增强了他们的自信心，保护了他们的自尊心，照样为学困生巩固了知识，而效果却比“补差”好多了。

智慧的亲情教育：接班的第一个“三八”妇女节那天，我都会在教室里深情地讲述我那贫穷家里不识字的母亲是如何含辛茹苦、忍辱负重地养育我们姐弟四人，供养我读书的艰辛生活。我常常在台上，热泪盈眶、哽咽不止，台下，孩子们也常常是泪水涟涟、欷歔一片。放学时，我会给孩子们布置一项作业：绘制一幅你跟妈妈之间发生的一件最感人的故事的连环画。连环画一下子就成了母子（女）的连心桥。

母亲节，我会给孩子们布置一项作业：给母亲洗脚，并推荐给孩子们一段与母亲对话的开场白：“妈妈，今夜我什么都不干，什么都不想，就给您好好洗洗脚，就想听听您讲一讲我小时候的故事！”常洗得母亲泪水长流，说得孩子幸福自豪。这种交流，感动了母亲，自豪了孩子，自然而然地就拉近了家长与孩子的距离，改善了关系。

智慧地凝聚班集体：为了培养孩子的集体主义，我和孩子们共同写作《瞧，咱班》的同题作文。为了让孩子发现自己身边同学的优点，我让孩子们写《我身边的同学》，并运用向媒体投稿、办板报、召开主题班会等形式把孩子对班集体的感情最大限度地激发出来。

智慧的授课：为了体现与孩子们平等的观念，我应孩子们的要求把讲台撤掉，并宣布，孩子们可以随心所欲地坐。时间不长，有些孩子们又“得寸进尺”，说想过过上课的瘾，我便顺水推舟，要孩子们与我比一比，谁的课备得好，谁讲得好，就听谁的。孩子们哪里知道，他们又中了我的“圈套”：他们自己要讲课，就必须认真地读课文，查资料、写“教案”，这比让他们预习课文的效果强多了。

对于孩子们最头痛的作文课，我说取消掉，改成聊天会，主题由我与孩子们共同商量确定，师生一块“侃大山”，侃个痛快，侃完后，把所侃的内容写下来就成，并且绝不勉强。因为有话可说，孩子们没有一个不写的，并且越写越好。到毕业时，几乎每个孩子都在报刊上发表过作文，都有自己的作品集，像什么《流金岁月》、《我要说话》、《我就是我》、《成长轨迹》等等，个个都像大手笔，还有许多孩子写过长篇小说，其中两位孩子合写的长篇小说《玛瑞的生活》还在《花蕾》报上连载了，据说即将毕业的这一届孩子准备写本小学生活的回忆录，书名为《我与名师乐兵的生活岁月》，写完后还想请我作序呢！没想到在他们眼里我竟成了名师，你说幸福不[illegible]！

想上厕所你就去！

湖北省松滋市麻水小学　刘关军

放学铃声已经响起，我也结束了开学第一天紧张而忙碌的工作。刚走到校门口，校车司机就焦急地问我，是否看见一个还没上车的学生。“‘在什么地方上车回家，司机是谁’，班主任都在报名时反复交代过家长和学生呀，他难道都搞忘了？”我正纳闷着呢，一个孩子气喘吁吁地跑来。

“你到哪里去了？”司机问。“上厕所去了！”

我和司机一笑，向校车走去。秋意正浓，桂花开放，香气袭人。渐渐地，一股刺鼻的气味却迎面而来。“他把大便解在裤子里了。”孩子们嚷道。走近一看，是个一年级新生。顾不得询问原由，赶紧帮他清理。

等到收拾妥当，不禁沉思起来。

两个孩子，一个新生，一个老生，在开学的第一天都遇到了“上厕所”的麻烦。不会上厕所？不能控制自己的便意？不知道厕所的地方？不知道什么时间上厕所？上课时上厕所老师会批评？还是学校的厕所让学生不爱上而宁愿回家上……看来“上厕所”，还真是个问题。

想起了几则和上厕所有关的故事。

前外经贸部副部长龙永图在日内瓦开会时，有一次用完卫生间正准备离开，听见隔壁厕所内一直发出一种声响，且持续了好长一段时间。于是他好奇地轻手轻脚地打开门，想看个究竟。门开了，一位小男孩正在吃力地试图放水，因为太小，够不着水箱的拉绳，他就在一次又一次地做努力。龙永图最后感慨地说：那么小的一个孩子，就有一种十分明确的责任感和规则意识！“用完厕所，就必须放水”，尽管对他来说有些困难，但他却十分执著。

看来，绅士、淑女和贵族居然就是在卫生间炼成的。可是，我们专门上过“上厕所”这门课么？我是没有上过的，也是没资格教的。我的儿子穿着“开裆裤”，不是随时随地大小便么？不仅如此，和那位小男孩比，我甚至不会上厕所。“中国人，便后请冲水”，……仅以简体中文标出的警示牌，不是正在国人出境游的主要目的地——法国、德国、日本、泰国、新加坡等地频现么？

“上厕所”这门课，到了非补课不可的时候了！

还看到一个经典案例。某特级教师在上公开课时，弯腰走到一个学生身边，那孩子飞快地跑出了教室。等了一会儿，老师又走到另一个学生身边，于是他也接着跑出了教室。不一会儿，两个学生又回到了教室。下课后，听课老师就问：这个教学细节的设计有什么目的。特级教师说，哪里有什么教学设计，前一个学生要上厕所，所以让他去，后来感觉他没带手纸，所以安排另外一个学生给他送纸。

想到这里，不禁感叹：“上厕所”不仅大有学问，竟也蕴涵着大爱无痕的教育艺术！就算我们能发现学生要上厕所，可我们能想到学生没手纸么？时时处处皆教育，事事人人皆教育！上厕所，该教育，能教育，最可见教育的大智慧和高境界。陶行知先生讲："学校以生活为中心。……一校之内，从厨房到厕所莫非生活，即莫非教育之所在。"郭元祥教授也说："现在中小学的厕所缺乏了什么？缺少了手纸，缺少了香水，缺少了洗手液。透视地看，我觉得是缺少了对师生生存状态的关怀，缺少了真实的、看得见的教育。"诚哉斯言，我们的教育，经常是眼里无人的。我们什么时候把学生的吃喝拉撒这些小事当回事呢？我们谁又意识到对待学生的吃喝拉撒的态度竟是教育哲学，处理学生的吃喝拉撒的方法竟是教育艺术？

"上厕所"这门课，到了该研究不可的时候了！

第二天的课堂上，师生问好之后，我扫视了一下全班同学，大声而又温和地说："想上厕所你就去！"

教学篇：给了舞台也灿烂

如果我们在教学中不试图努力打破思维模式铁板一块的局面，不突破“标准答案”的评价方法，就不可能激活创造的生命，我们就只能在历史的复制与翻版中僵滞地轮回。

“下课”这个极其平凡的课堂用语，不同的读法折射出了教师们不一样的教学风格，不一样的教学个性，更彰显出了课堂教学中师生的精神状态和学习效度。但愿随着下课的铃声，每个教师都能问出一句：“孩子们，我们下课好吗?”

教育孩子，首先要爱孩子。以一颗宽容的心去感化他们、引导他们，那么，即使是我们对他们略有惩罚，也是美丽的、多彩的、甜蜜的……

常见的老套乏味的课堂奖励方式，是否适宜、是否有效呢？大师们的课堂奖励给我们提供了学习的“范型”，值得我们细细品味、借鉴。

给思维一粒“核子”

湖北省黄冈市英山长冲中学　许松华

教学蒲松龄的《狼》，我曾经作过另类解读。我说：屠户是人的化身，而狼是潜藏在人性深处的恐惧。屠户杀死了狼，即等同于战胜了生命的恐惧感。屠户因此得以“归家”，屠户在战胜自我的途中成长了。

这种解读应当有其存在的合理性，但结果被所有的老师否定了。他们否定的理由很简单：这样理解，学生只能得零分。因为标准答案教参上早已写得清清楚楚：只有敢于斗争、善于斗争，才能战胜像狼那样的恶势力。

答案早已存在。教参上写得清清楚楚，所以老师用不着自己思考。这种惯性引发的可怕结果是：教师最后沦为没有思想的人。其悲剧的根源则在于：我们没有思考的权利。我们一有自己另类的思想，就被判“错”，就有背负“误人子弟”的罪名。

其实，我之所以做这番解读，还有更深层的思考：无论哪一届学生，为什么只要一提起蒲松龄的《狼》，就要像背书一样地说：对待像狼那样的恶人……此外再也没有其他的、可供构建自我主体精神的意蕴？为什么学了那么多的课文，读了那么多书，一提起作文，学生就找不到作文的主题，茫然不知所措？为什么学生的思维方式如此整齐划一？为什么接受学校教育越多的学生，头脑越是板结一块？再进一步想：放眼现实中的成人世界，为什么有那么多没有思想的“空壳人”？即使有一点零星的思想，也只是无序的断片？其中根源之一，就是由于长期教育，尤其是考试中的标准答案在作祟。

想起日本的浮世绘。江户时期浮世绘的绘画形式中，女人清一色的修长丰腴，肤色白皙，线条圆润，有着细眉、挺拔的鼻子、樱桃小嘴以及程式化的素净神态。关于浮世绘美女形象的程式化，结尘解释说："可以从两个方面来说：一方面是浮世绘画家们相信，只有消灭了个人色彩才更美，才能够显示出绘画的技艺。这种想法的根源在于日本的教育原则是尽可能地抹杀个性；理想境界并不是去创造一种前所未有的新的美，而是如何去达到古代圣贤制定的那个统一的标准。另外一方面是日本人总是去努力达到先贤的要求，尤其是女性，总是埋没自我，摒弃个人感情，消灭个人长处，以期使自己符合一种标准的形象模式。因此，女性本人对肖像绘画的审美取向与画家是完全一致的。"（结尘《物质主义》）

归纳一下，意思就更加明了：一方面，日本社会预订了"统一的标准"，另一方面，人们竭力到那个"标准模式"里去，无怪乎大众都成了一个"模子"的空心人。

日本江户时期的前车未远。如果我们在教学中不试图努力打破思维模式铁板一块的局面，不突破"标准答案"的评价方法，就不可能激活创造的生命，我们就只能在历史的复制与翻版中僵滞地轮回。

新课程尝试打破"标准答案"的模式，但事实上并没有质的突破。在诸多所谓的优质课中，类似"你喜欢课文中哪些语句，说说你喜欢的理由"式的"开放式思维"，且不论其枝枝叶叶无关大节，改变不了什么，即便弯来绕去，也逃不出教师预设好了的"解题规则"，犹如孙悟空无论如何神通广大，也逃不出如来佛的手掌心一样。有鉴于此，我觉得，何妨把蒲松龄的《狼》作一回"歪解"，不时给学生来点"思想换血"，植入一粒创新的"核子"，让"板结一块"的思维，碰撞出电光石火般的爆破性革命，以激活学生的创新思维。

给课堂教学一粒创新思维的"核子"吧！

自由：理想课堂的一种追问

四川省少年儿童出版社教材与教辅编辑室　丁九阳

对课堂自由的呼唤，是教育的应有之义和必然诉求。因为在学校教育中，甚至在整个教育生活中，课堂是师生演绎生命价值的一个非常重要的平台，课堂生活的质量直接关系着学生的学习生活质量和一所学校的教育成败。所以，从一定意义上讲，课堂是教育实现的一种重要载体和途径。教育的本质要义也就决定了课堂的应有追求。然而教育的本质是什么？显然教育的终极目的就是为了人的发展。在马克思看来，“自由自觉的活动恰恰就是人类的特性”，也就是说，马克思把自由活动看作人的本质，人的发展过程也正是不断追求自由的过程。由此，作为人之目的的自由，理所当然也是教育的应有之义。近年来，我国有学者提出教育即自由的命题，以及积极探讨教育自由问题，正是出于对教育本质的深刻理解和把握。

随着我国民主化进程的加快和国际先进教育思想的引进，“一切为了学生，为了学生的一切”、“以人为本”、“尊重人格，张扬个性，保护天性”等教育观念已普遍被广大教师所认同，课堂自由的问题也逐渐进入了我们关注的视线。尤其是在新课程改革和新教育实验等的推波助澜下，中国的教育界对于课堂自由和纪律问题显示出应有的重视。但是新的问题又来了。现在一旦呼吁自由，几乎就要把纪律驱逐出课堂。上课插嘴、喝水、上厕所、随自己的心意选择同桌……这些被传统课堂定义为违反课堂纪律的行为，在上海某实验小学却被扶正，“翻身”成了学生的课堂权利。学校在进行小班化教育中，赋予了学生六项课堂权益：①允许学生随时提问；②允许学生插嘴；③允许学生质疑老师；④允许学生选择同桌；⑤允许学生喝水上厕所；⑥允许学生重做测验。该校的负责人解释说，这是尊重学生、还课堂自由权益给学生的表现，这样的改革是“与国际接轨”。

客观上说，尊重学生是必要的，宽松、活跃的课堂气氛也是可取的。但是如果说因为尊重学生就“允许学生上课插嘴、喝水、出去上厕所、随意选择同桌……”这种状态必然会导致课堂教学多了热闹，少了安静；多了个人自由，少了可贵的专心；个别学生游离于学习活动之外，做一些与学习不相干的事。这种失控的状态是对学生的极不负责。这样的“自由”权益又有何益处呢？而且许多教育悖论开始在日常的教学中出现：教师在课堂上给了学生那么多的自由，可是教师的教育教学也越来越难了。再看看学生吧，上课时能够坐好认真听讲的学生越来越少了，乱动的、说话的越来越多了，有时甚至发展到影响教师的正常讲课的程度。教师们不禁要追问：我们究竟要给学生什么样的自由呢？

怀特海早就指出，自由和纪律是彼此相联系，无法绝对割裂的。他说：“一种设计完美的教育，其目的应该是使纪律成为自由选择的自发结果，而自由则应该为纪律而得到丰富的机会。自由和纪律这两个原则并不对立，在儿童的生活中应该对它们进行这样的协调使之适应个性发展的自然变化。”可以讲，自由与纪律之间有一种张力，我们的课堂需要做的就是在寻求二者的平衡中去释放和放大这种张力。这也是美国布朗克斯学校的校训——“自由而严格”所传达出的基本精神。所以我们给予学生课堂自由的前提是必须要有这样的意识：课堂的自由需要必要的纪律予以保障，而这种纪律又必须以自由为基础，为旨归。

事实上，课堂自由可以包括外在形式上的自由和内在理智上的自由。首先，我们的课堂可以给予学生必要的外在的活动的自由，例如教室环境要布置得相对开放，学生们不一定非得正襟危坐、站立回答，可以有不同的声音，有老师讲学生听，也有学生讲老师听，更有老师与学生、学生与学生的讨论与静思等诸多形式。其次，我们要更重视给予学生内在的思想、情感、心灵上的自由。我们要允许学生独立形成自己的世界观、价值观和人生观的自由，而不会受到批评；要允许他们独立表达自己的思想、观念、意见而不会受到嘲笑；要创造条件让他们多思维、多发言、多实践、多交流，排除一定的思维定式和操作阵式，去解放他们，给他们的思想呼吸以自由的空间。如允许他们可以不回答老师的提问、可以当堂向老师质疑问难、可以有选择地做老师布置的作业等。只有让学生充分表现自我，在知识、情感、问题等诸方面得到频繁交流，他们才会充分享受学习的快乐，真正成为学习的主人。

燕子的礼遇

——有感于一堂随机生成的习作课

四川省乐山市沐川教师进修学校教育科学教研室　卢永璐

那日，我在一所乡镇小学听随堂课。刚上课，同学们正在自由读课文，突然，一只灰黑色的燕子从窗子飞进了教室，在教室里不停地盘旋翻飞。这时，读书声渐渐变小——部分学生不安分了，视线追随着燕子。不一会儿，读书声没了，几名男生惊呼：“燕子！燕子来喽！”顿时，教室里沸腾了，教师灵机一动，大声对同学们说：“是呀，也许是同学们读得太美了，把可爱的报春使者燕子给引来了。来者是客，那就请大家尽情地向它行注目礼吧！现在老师给你们几分钟时间观察，待会儿来说一说写一写，看看谁是语言大师，谁的文笔最精彩！”随后，教室又恢复了平静，同学们聚精会神地看着、想着……忽然，一名男生站起来笑着说：“老师，我们可不可以鼓掌欢迎它呢？”教师会心地笑着点点头。“啪啪啪！”教室里响起了雷鸣般的掌声，燕子盘旋翻飞的频率明显加快了。眼看要撞着窗玻璃，伴着孩子们担忧的神情，掌声停止了，同学们迅速推开窗子，燕子随后从窗子翩然而去……

随后，教师引导学生畅所欲言：

1. 请你把看到的、听到的和想到的说给大家听听吧。

2. 看看有哪些同学能说出在燕子闯入——惊吓——离去的过程中，自己的心情发生了怎样的变化？

3. 假如你是那只春燕，你将怎样向其他的燕子讲述刚才的经历呢？

4. 同学们都听过画龙点睛的故事，好的题目就如同龙的眼睛。相信同学们能拟出有新意、吸引人的题目。谁愿将自己拟写的题目说出来供大家欣赏？

…………

课后，同学们所写的作文给我们带来颇多的惊喜。且不说选材和内容，单就学生的命题就可见一斑：《为燕子鼓掌》、《对不起，小燕子》、《燕子的礼遇》、《我的柔情，你别永远不懂》、《舞蹈的春燕》、《好心办坏事》、《我不该鼓掌》、《后悔的掌声》、《春燕，请你听我说》、《礼之用，和为贵》……

《语文课程标准》指出，“写作评价要根据各学段的目标……重视对写作的过程与方法、情感与态度的评价……对有创意的表达应予鼓励”。

此节作文课成功的原因固然很多，比如：教师能根据学情提出具有较强思维冲击力的问题情境来激活学生的思维，引发学生积极思考和实践，教者具有良好的教学机智等。但其中，最不容忽视的是在本节课中，教者那贯穿始终的激励性评价语言的运用。这些评价语言既呵护了学生的学习兴趣和热情，又巧妙调动了学生的生活积累，为学生架起感悟生活的桥梁，例如：“老师真没想到你们小小年纪就学会了换位思考，体会到了燕子惊恐慌乱的内心世界。看看还有哪些同学能说出在燕子闯入——惊吓——离去的过程中，自己的心情发生了怎样的变化?”……从学生拟写的题目显而易见他们的感悟颇深。从《礼之用，和为贵》、《好心办坏事》中不难看出学生已在自我反思中，悟到了礼节的运用要恰到好处，好心未必能办好事；《我不该鼓掌》、《后悔的掌声》表达出学生对美好事物的喜爱，对小动物的呵护，对弱者的同情怜悯……这些都源于教师的评价语言为学生架起了自主感悟的桥梁。如此文心合一、文道结合、水乳交融的习作指导对学生的情感、态度、价值观起到了较好的引导作用，留给学生的记忆尤为深刻，对学生的影响极其深远。

从“下课”的四种语气谈起

江苏省张家港市教育局教学研究室　陈惠芳

我曾经用心观察过不同教师在不同的课堂情景下宣布下课的不同表达方式和语气。

“下课吧。”刚走上工作岗位的我，伴随着下课铃声，说着“下课”两字，神情严肃，语气平淡，显得很无奈。那节课的内容是如何解决稍复杂的“归一应用题”。课堂上，尽管花了不少时间让学生观察、比较、总结归纳，掌握这类应用题的数量关系和解题技巧，可是学生仍然似懂非懂。最后，作业练习才刚刚开始，下课时间就已经到了。我不得不宣布下课，可抬头看看学生，一个个正低着头做作业，我也继续在教室里不断巡视指导，下课的铃声似乎离我很遥远。

“下课。”教师环视着教室四周，干脆利落地喊了一声。学生们迅速停下手中的笔，倏地从座位上站起来。“同学们再见!”“老师再见!”学生们熟练地应答着。听课的老师们渐渐离开了教室，学生们又一个个端端正正地坐了下来，重新拿起笔，开始完成老师布置的作业。这些课大多是学校领导听的随堂课，老师们似乎明白了这样的场合绝不允许拖堂。于是，只要下课铃声一响，授课教师一定会准时且语气坚决地说出“下课”二字。等听课者一走，教师又马上重拾课本，开始布置作业。学生们有了多次相同的经历，也就习惯了。年轻时的我也曾经历过类似事件。其实，很多学生非常讨厌这种做法，因为拖堂侵占了他们仅有的课间10分钟休息时间。有的学生甚至小声嘀咕着：“都下课了，怎么还要做作业？”我也常常“连哄带骗”：“就几道题，一会儿就完成，不会影响你们休息。”学生们这时做作业也纯粹是为了应付老师。在老师的“诱导”下，作业是完成了，但正确率可想而知。其实，这样的准时下课不就是做给听课者看的吗？这时的作业练习有何效果呢？教师其实也不过就是图个心里踏实罢了。

“下课！”教师微笑着果断地宣布。学生们快速合上书本，塞进课桌，拿出下节课的书本，三步并作两步地往教室外走。“哦！去玩喽！”孩子们叫着、喊着、吵着、笑着。女孩子一般比较矜持，常常会在教室里逗留一会，或围着老师站一会儿，等老师离开了教室，她们才与自己的玩伴一起离开。男孩子往往连冲带撞，巴不得老师每节课都能准时下课，人还未出教室，声音早就飞出去好几米远了。不用说，教师说“下课”这句话时节奏感强，语调肯定，多半是对课堂上学生杰出表现的褒奖。是呀，每当这样宣布下课的时候，教师对自己的课堂一定是比较满意的，也许课堂教学进展顺利，教学任务完成出色，抑或是学生们的学习情况很理想，课堂练习准确率高。度过了紧张的40分钟，再轻松10分钟，消除身心的疲劳，对下节课的学习多有好处，这样的学习生活不正是学生们向往的吗？

“孩子们，下课好吗？”那天，听特级教师蔡宏圣的数学课。快到下课时间了，蔡老师用商量的语气这样问道。谁知学生们一个劲地回答：“不要！”“我们不想下课！”很多听课老师都笑了。我没有笑，在听课本上写下了三个字——“为什么”。

为什么学生们不想下课？倘若置身当时的课堂，你定会豁然开朗。那次的教学内容是四年级的“平行”。在蔡老师的指导下，孩子们探索了用直尺、三角尺画平行线的步骤和方法。“沿着现成的三角尺里外的直边画两下，就有一组平行线。” “画，平移，再画。”“画，打点，再画。”经过自己的摸索、与同伴的交流，学生们争先恐后地展示着自己的学习成果，大胆表达着自己的发现、创见、奇思妙想，原来凭借直尺、三角尺画平行线还有这么多的学问。课堂教学渐入佳境，怪不得蔡老师宣布下课时，学生们都无动于衷呢。不用说，这个时候学生的兴奋点都聚焦在课堂里，对一些富有思考力的习题特别感兴趣，他们欲罢不能，还想说，还想议，还想向难题挑战。所谓快乐参与、魅力表达、享受课堂，大概就是这种精神状态吧！

其实，走进很多优秀教师的课堂，常常能看到这样的情景。仔细回味，不难找到其中的奥秘——所谓的“小手林立”、“小脸通红”、“小眼发光”、“小嘴不停”，是教师精湛的课堂教学艺术深深吸引着学生，是富有情趣的知识紧紧牵引着学生，是温馨的学习氛围默默感染着学生。他们全情投入，沉浸其中。学生对课堂的迷恋，对教师的依恋，对新知的好奇，渐渐把课堂教学推向了高潮。“我们不想下课！”这特有的境界不正是对一节成功的课的另类解读吗？

“下课”这个极其平凡的课堂用语，不同的表达方式和语气折射出了教师们不一样的教学风格，不一样的教学个性，更彰显出了课堂教学中师生的精神状态和学习效度。但愿随着下课的铃声，每个教师都能问出一句：“孩子们，我们下课好吗？”

在课堂留下甜蜜的“果子”

安徽省怀宁县高河镇初级中学　操乐发

近日读报，读到这样一则故事：在韩国北部，有一个很大的果园，也是喜鹊等鸟儿的栖息地，农民们每每采摘时，总要在枝头上留下一些熟透的甜甜果子，像柿子、苹果等。一些游人经过这里时说，这些又大又好的果子，不摘真可惜。农民们则回答，这是留给喜鹊的食物。留在树上的果子吸引了许多过冬的喜鹊，直到春天也不肯飞走，整天忙着捕捉果树上的虫子，从而保证了果子的年年丰收。可见，在收获的季节，不忘留一些“果子”在树上给鸟儿，就是给果园留下了一片生机和希望。无疑，这便是“留”的价值。

那天，听了一位教师的公开课，最终让我深深明白：课堂也需要“留”。那次公开课属于县级比赛，执教的是一位教书多年的老教师。按照公开课的要求和这位教师的教学能力，执教老师完全可以按照设定的程序，“表演”成一节教师讲解自如、学生配合默契、课堂气氛热烈、教学结构严谨的好课。可是，这位教师在提问时，偏偏找了两个“差生”。结果学生站起来后，木讷寡言，说话吞吞吐吐，而且词不达意，连听课的教师都感到不耐烦。可这位教师一点也不急，而是耐心地引导学生回答。当学生用并不流利的语言勉强地答出一个简单的问题时，老师很高兴，既而用鼓励的话语对他说：“很好，这堂课你有收获了，像这样学下去，一定会有进步！”由于两位“差生”回答问题耽搁了时间，最终影响了教学进程，下课铃声响了，还有内容未完成，这位教师不得不另作安排。

在评课会上，有的评委感叹说，课上得不错，可惜找错了学生，造成师生配合上的失误，耽误了时间，影响了整体效果。谁知，执教的老师说出了一段几乎令所有评委都深思的话语："如果说上课单纯是为了自己的荣誉，为了获奖，我肯定只会找那些回答流利的好学生，甚至可以预先安排他们训练。可是，课堂不是部分'好学生'的专利，更不是教师沽名钓誉的工具；它是属于每一个学生的，特别是那些后进生，他们更需要细心关怀和呵护，所以，每堂课，我都会留一些空间给他们，让他们有表现和锻炼的机会，他们才不会感到被冷落，才会有信心学习。对一个教师来讲，学生学到了知识比什么都重要！"从这朴实的话语中，我们看到了这位教师真诚的情感和崇高的职业准则。把课堂"留"一份给"差生"，虽然给公开课"留"下了缺陷，给听课老师和评委留下了缺憾，但对"差生"却是一种鼓励，给他们留下了一份温暖、一份自信、一份希望、一份甜蜜。谁说这些学生的进步和感激，不是对教师的奖励和回报？

"留"是至诚的关怀，是不停的呼唤，是"润物细无声"的感化。记得自己做学生时，班上有一个很顽皮的差生，经常逃学。有同学建议，反正他也不想念书，不如将他的座位搬出去，摆在教室碍眼，可授课老师不仅没有这样做，反而每堂课都将他的座位放在最前面，并让同学传话，"座位给他留着呢。"有一天，这位逃学的同学好奇地走近教室，在窗户下偷偷地观看，果然在第一排看见了自己的座位。这位同学被深深地感动了，低着头走了进来，向老师承认了错误，老师没有批评他，而是轻声地说："我就相信座位不会白留的。"从此，这位同学再也没有逃过学。"留"终于让一颗游荡的心正确归位。

不要小看"留"的力量！"留"就像一束阳光，能照亮教室每一个角落；"留"就像阵阵春风，能给课堂带来勃勃生机；"留"更像丝丝春雨，滋润每一个学生的心田，让青春的花朵开得更加鲜艳……

对教师而言，"留"是一种境界，一种胸怀，一种豁达，一种奉献；从教学过程讲，"留"也是一种方法，一种技巧，一种艺术，一种智慧。教师耕耘在课堂上，若能像“农民”一样，多留些甜蜜的“果子”给“喜鹊”，课堂这块园地必将充满无限生机和希望。

倾听——课堂的美妙音符

江苏省海门市货隆中心小学　顾　健

前不久，在报刊上看到这样一则教育故事：一个女孩初学小提琴，琴声如同锯木头，就连父母也不愿听，孩子一气之下跑到幽静的树林中学练。突然，她听到一位老人的掌声，老人说：“我的耳朵聋了，什么也听不见，只感觉你拉得不错。”小女孩受到鼓励，于是每天都到树林里去为老人拉琴。

每奏完一曲，老人都说：“谢谢，拉得真不错！”

终于，家长惊异地发现女儿的琴声如此优美，忙问是哪位名师在指点她。后来，女孩才知道，林中的老人是著名的器乐教授，而且，她的耳朵从未聋过。

出于职业敏感，联想到我们的课堂，不正是“风流不在谈锋胜，袖手无言味最长”吗？倾听，本身就是一种教育，即使你没有给对方指点或帮助，但有了倾听，你便给予了对方十分丰厚的心灵馈赠。如今的课堂已是一个师生共同“享受”知识能量与进行信息传递的空间，是一个心灵交汇、情感碰撞的磁场，所以我们要做善于倾听的人，从倾听开始学会教育。不是简单地听学生把话讲完，而是心与心默默地靠近，情与情悄悄地交流，智慧与智慧久久地共振。

让我们不妨也讲究些技巧和方法，成为一名真正走进孩子心灵的倾听者。

爱生之心：爱是人类最美丽的语言，“没有爱的教育就像晒干的丝瓜，无汁无味”。倾听之爱，能给一颗焦灼的心灵送去抚慰，能使一颗自卑的心灵赢得尊严，能让一颗沉沦的心灵得到激励。在这里“听”是为了“育”，所以倾听也是表达师爱、教育学生的一种手段。看似平凡的见解，却可能是孕育天才的摇篮。这常常勾起我美妙的遐想：认真，微侧着头、脸上带着微笑，给学生以尊重、鼓励和赞许。

信生之心：尽管学生表达时，不流畅，不清楚，不准确甚或有错误，教师也应耐心、专注地倾听。这是宽容，是信任，也是一种乐观的期待。在此基础上，课堂对话就可以成为平等关系，意味着彼此之间的开放与回应，否则，就无可避免地退化为家长式操纵的闹剧。师生只有在宽容和信任中交换意见，只有在专注的神情、亲切的微笑、期待的目光中产生的“张力”才能促使学生积极而有效地思考，最终孕育出“美妙的果实”。

会生之心：倾听，不是单纯指声音，倾听心声才是更深层次的。肖川曾描述过教学过程中的最佳状态：表现为“茅塞顿开、悠然心会、深得吾心、浮想联翩、百感交集、妙不可言”；表现为“心灵的共鸣与思维的共振”；表现为“内心的澄明与视界的敞亮”。这也是教学追求的最佳境界。要达到这样的境界，教师就要达到倾听的最高层次，必须参与和体验，深入学生的感情世界和理智世界。

智慧之心：倾听的核心是思。教师倾听时，伴随着观察、辨别、判断、选择。外表是从容的，而脑海里却不该是平静的，在最短的时间里，甚至在瞬间必须作出教育的决定，或是肯定后的点拨，或是以此展开的讨论，或是片刻沉静中的回味、思索。有时，倾听本身就是处理教育事件的艺术智慧。缺乏思维的倾听就不能不彰显教师的教育敏感与机智，就失去了意义，失去了活力，最终成了空壳和形式。

老师们，去主动倾听孩子的心声吧！不仅学会做一个忠实的听众，更要做一个仁者，拥有宽广的胸襟，撒播爱的种子，给疑惑者释疑；做一个诗人，走进学生的心田，倾听花开的声音，给失落者鼓励；做一个哲人，指引理性的思考，将思维引向纵深处，给徘徊者心灵的点拨。

“泄密”扬起学生自信的风帆

江苏省滨海县第二实验小学　李庆海

前几天镇里举行了六年级学生考试，我任教的班级考了第二名的好成绩。虽然不是第一名，但是了解我们班底细的老师都说这是一个奇迹：一个入学成绩位列全镇第八的班级何以在一学期就实现了这样的飞跃，那些学困生怎么神秘“失踪”了？而这一切却源于我有意的“泄密”。

刚刚接手这个班时，我就感觉不对劲：课堂怎么像一沟绝望的死水，连个举手的同学都没有？一个多星期的调查了解，我才明白了：这是一个“杂合型”班级，全班60个学生，只有7人是“原汁原味”的中心小学的学生，别的都是从不同学校转来的，其中大部分来自于村小。他们数学基础薄弱，受惯了老师的歧视与呵斥，使得他们连举手的勇气都没有了。怎么办？“坐以待毙”还是……

开学的第二周，我对他们进行了摸底测试。这些学生的成绩远比我想象的还要差。不过他们对分数还是比较在意的：谁不希望自己能考个高分呀！

针对学生的这种现状，我特意开了一个学习动员会。在会上很多学生反映他们的自信心不足。我说：“孩子们，其实我们的智商都是一样的，没有人注定是成绩差的代言人。只要大家能认真学习，就一定能摘掉‘贫困’的帽子。”动员会得到了学生的支持，我也根据他们掌握知识的情况，将令人头疼的后进生分为一组，从此他们成为我特别的关照对象。上课时我特意多将回答问题的机会给他们，锻炼他们的胆量，培养他们的信心。

转眼间，一个单元就要结束了，临近考试的一星期，我把后进生召集在一起谈心。一个叫李一行的学生哭了："李老师，您别忙活了。我一看到试卷心里直发毛，从一年级到现在，我还没有考过60分呢！"看着这个个子与我相仿的学生的泪眼，我的心酸酸的："没有关系，老师把这次考试的题目提前告诉你们，看你们能否考出好成绩。有信心吗？""有！"这些学生听说我要将考试的题目泄密给他们，回答的声音是那么响亮。于是我把那些最基础的知识讲给他们听。也许为了考出个好成绩，这些孩子听得非常认真，思维反应也很敏捷，让你觉察不到"差生"的痕迹。考试了，我们班单独使用了一张我自己出的试卷，题目特别浅。这次测试我们班考了个满堂彩，那些后进生大部分都考及格了。我第一次看到了他们的笑脸。

以后我每次考试前都给他们"泄"一些题，不过数量越来越少。这些学生对学好数学的信心越来越强，数学成绩也日益提高，终于走出了后进的行列。

"泄密"带来的成功远出乎我的想象，也引起了我深深的思考：后进生其实并不"差"，只是比别人慢了一拍、两拍、三拍。他们缺少的是别人的关注和对自己的信心。而我的动员谈话拉近了与学生的距离，我在与后进生谈心时提出给他们"泄密"考试的内容，激发了他们学习数学的勇气和兴趣。在我的精心辅导和"浅卷"测试中这些学生终于找回了学习数学的信心。由于获得了成功，特别是首次成功，使他们在学习过程中有了足够的信心，便产生了十分强大的内驱力，驱使他们向着第二次、第三次……成功前进，形成"第一次成功——自信——第二次成功——更强的自信——更大的成功……"的良性循环。一次次的成功体验，为学生积极主动地学习提供了强烈的动机，使后进走向了前列。

"泄密"扬起了学生自信的风帆，我也在学生的进步中体会到了为人师的乐趣。

从放风筝中参悟课堂调控的艺术

广东省潮安县金石镇大寨中学　林金炎

秋高气爽，晴空万里，正是放风筝的好季节。十月的一天，我携妻带儿到韩江北堤去放风筝。这对于“初出茅庐”的我来说，是一个不小的考验。

我和妻各拿一只风筝，选好地点后开始放飞。我跑啊跑，几分钟后，累得气喘吁吁、汗流浃背，可风筝仍然原地踏步。妻说，要注意风向，逆风而跑。我这才恍然大悟，照做，果然风筝徐徐升空。风筝升空后，由于线放得太快，风筝好像有下坠的趋势，我急忙向妻求救。妻是放风筝高手，她说，要迅速收回一部分线，直到风筝能在天空挺住不坠。在整个过程中，妻一直很悠闲地坐在沙滩上，娴熟地收线、拉线，镇定自如，而我却频频发出求援的信号，显得急躁、慌乱，特别是我的风筝将要跟别人的“老鹰号”缠在一起时，我更是不知所措、手忙脚乱，幸好妻子施手援救，才避免一场风筝“空难”。

过后，在跟妻聊起放风筝的感受时，我问：“你好像很轻松似的，有何诀窍？”妻说：“只要能控制好那根线，就行了。”

这使我想起了语文课，放风筝与语文课何其相似，在语文课堂中，只要教师能像放风筝那样自如地掌控好那根“线”，学生不也能像风筝那样在蔚蓝色的天空中自由地翱翔吗？

当然，首先你必须要了解适合风筝起飞的风向，否则的话，你再怎么奔跑都无济于事。语文课中，教师要想激发学生的情感体验，使学生的心灵受到震撼，就必须熟知学生的实际情况，如学生的知识水平、情感特点、兴趣喜好、性格等等，然后再确定与之相适应的教学方法、教学手段。

语文课上，教师要像控制风筝那样去调控课堂。当学生在听课中出现“不适”状态时，教师就要把握好“火候”，对症下药，及时调控好自己的姿态、语言、情绪以及课堂节奏，以便使学生能够愉快轻松地学习。如上《公输》一课时，我问：“墨子在反驳公输时有什么技巧?”有学生回答：“以子之矛攻子之盾。”我追问一句：“为什么?”学生却哑口无言，两手拼命地翻阅着参考书，再看其他同学，亦然。顿时，我明白了，之前所提问题学生均能在参考书中寻得答案。于是，我决定拉紧那根“线”，进行课堂调控。我把参考书抛在一边，根据文本特点设置问题，让学生分别以“墨子”和“楚王”的身份进行角色辩论。一石激起千层浪，学生发言踊跃，辩论很激烈。

在放风筝的过程中，有时也会出现断线或跟周围风筝相缠等意外事件，语文课上也不例外。如何处理这些“意外事件”呢？这时教师要镇定自若、灵活机智。下面是于漪老师执教《记一辆纺车》的课堂片段。

师：今天学习《记一辆纺车》。昨天请同学们预习了，大家说说看，你们喜欢吗?

生（异口同声）：我们不——喜——欢。

（随堂听课的 20 多位教师感到很惊讶，于老师也颇感意外）

师（稍停，笑着说）：不喜欢？那就请你们说说不喜欢的原因吧！谁先说?

课堂上发生的意外事件是于老师课前预设时所没想到的，但是面对学生这一猝不及防的回答，于老师却能保持镇定，从容应对，并机智地通过“让学生说出不喜欢的原因”把它巧妙地化解了。

放风筝需要控制的艺术，语文教学又何尝不是？风筝要飞得高、飞得远，全在放风筝的人如何操纵那根“线”，是张弛有度，是镇定自若，还是机智灵活？所有功夫全在手上，语文课亦然。

美丽的期待

北京市育英学校　袁凤芹

刚接新班不久，我就认识了默默。她是一个漂亮的女孩子，亮晶晶的大眼睛，看人时神情羞涩。无论你对她说些什么，她总是微笑着、怯生生地看着你，从来不说话。在课堂上，她很少听讲，总是若有所思，写作业时也总是最后才交，写的字也是东倒西歪，多撇少捺。

经过两周的观察了解，我发现默默的主要问题是没有养成良好的学习习惯，每天不能按时完成作业，受到的批评过多，久而久之对学习失去了兴趣。和家长沟通，家长也很苦恼。据家长反映，默默从小就看了很多书，思维活跃，语言能力发展很好，能讲很多故事，经常对父母讲老师上课太过啰嗦，逐渐养成了不爱听讲的习惯。另外，由于统和失调，她的动手能力很差，影响了作业的质量，写作业慢也成了一种习惯。因此两年下来，她成了老师心头沉重的“包袱”。对于这样一个孩子，我能做什么呢？

曾经看过莫泊桑的故事，他是享誉世界的文学作家。可是莫泊桑小时候却经常逃学，是班里有名的后进生。但是他时常把一些街头见闻加上自己的想象，讲得绘声绘色。他母亲发现他的形象思维能力特别强，于是就和他一起讨论文学，期望他在文学上有所建树。成年后的莫泊桑果然没有辜负母亲的期望，也正是母亲的期待给了莫泊桑信心和力量。教师要面对形形色色的学生，我们的期待同样能触动学生的心灵。于是，我的教育就从“期待”开始了。

虽然默默还有很多缺点，虽然她和其他学生相比还有很多不尽如人意的地方，虽然和过去相比默默并没有改变多少，虽然我并没有从默默的言行中找到任何要表扬她的理由，但我还是不断表扬、激励默默，让她从内心感觉到学习是件快乐的事情。

写作业的时候，只要她比前一天的速度稍微快了一点，哪怕还是最后交，我就给予充分的鼓励：有时是一个赞赏的眼神；有时是一个和她相对而视的微笑；有时是私下的表扬；有时是当着全班同学的面点名称赞。两个星期后，我发现她写作业积极了，脸上也洋溢着快乐的微笑。而我内心很清楚：要是和其他学生相比，她还相差甚远。但是我没有放弃任何一个激励的机会。

在等待中，我寻求机会，在等待中，我观察默默的改变。一次，学习《爬天都峰》第一自然段，我问学生："你们从这些文字里读懂了什么?"很多孩子都回答"天都峰很高很陡"。这时我发现在语文课上从来没有发过言的默默睁着一双大大的眼睛看着我，似乎有话要说，于是我盯着她说："是不是还有同学有话要说，不同的人读到这样的文字有不同的理解，大家都可以畅所欲言，说说自己的感受。"也许是我激励的语言给了默默力量，只见她怯生生地举起了小手，我马上欣喜地说："默默来说说。""我认为作者当时很惊奇!"听了默默的发言，我惊讶于她活跃的思维，如果没有对文字产生独特的感受，是不会体会到作者当时的情感的，因为这些都是蕴藏在文字背后，需要学生用心去体会的教学难点。我马上说："默默，你真聪明，你能告诉大家，你怎么知道的吗?" "我从这里读到的，'啊，峰顶这么高，在云彩上面哩!'""默默真会读书，从语言文字中去和作者交流，下面请同学们再读读这一自然段，看看谁能听到作者当时没有说出的心里话。"此时的默默，小脸因激动而泛起了红晕，也许是这次发言点燃了默默心中蕴藏的信心，从此以后，默默在课堂上发言积极了，常常给我带来惊喜，她也在大家的称赞声中获得了快乐。我终于看到了希望，此时更加相信：一分耕耘，一分收获。

默默要想一下子跟上其他学生，不是一件容易的事情，因为她的不良习惯不可能一下子纠正过来，如果她长时间跟不上其他学生的话，有可能使得积极上进的劲头锐减而回到原来的状态。因此，我要帮助她树立前进阶段的奋斗目标。为了鼓励那些积极追求进步的学生，我们班每星期都要评比8名进步之星。我鼓励默默要努力，争取评上“进步之星”奖。默默没有辜负我的期望，在第二周就评上了。现在，默默上课发言积极了，完成作业的速度也变快了，正在朝着家长和教师期待的方向努力。等默默进步再大一些，我会继续帮她树立更高的目标。

默默的转化过程告诉我，老师要学会在学生前进的道路上设置一个站点，这个站点就是学生将要到达的目标。我期待学生昂首阔步、自信地向我走来。那一时刻，就像在寂静的夜晚，静听花开的声音；就像在灿烂的黎明，等待喷薄而出的红日；就像在雨后的旷野，寻找天幕中绚丽的彩虹……原来这种期待是如此美丽。

“特色答案”还需“特别处理”

四川省双流县华阳西寺小学　徐　丽

今天是我们1·3班小朋友第一次练习看图写话，这次练习的图画很简单，有一个大箱子（箱子上有“冰糕”两字）、一张纸、一个垃圾桶、一个小朋友，图画提示为：小明看到地上有一张纸。很明显出题者的本意是培养小朋友的环境意识，让小朋友们在日常生活中养成不乱扔垃圾的好习惯。结果课后收上的作业本却让我着实吃了一惊！有很多小朋友并没有按出题者本意回答，作业都很有“特色”如：

A小朋友写道：“小明上学看到地上有张纸，他捡起来看是废纸，于是揉成团，扔到一边，高兴地和小朋友去玩了……”

B小朋友写道："小明上学看到地上有张纸，他捡起来交给了老师（或其他人），问老师有没有用，然后扔到垃圾桶去了……"

C小朋友写道："小明上学看到地上有张纸，他捡起来发觉怎么有点像钱，于时拿到小卖部（冒充钱）买东西去了……"

D小朋友写道："小明上学看到地上有张纸，他捡起来放到书包里，当草稿纸用了……"

…………

望着作业本，我在想：现在的小孩子怎么了，是想象力太丰富？是题出得不够明确？还是……下节课我该如何给他们更正呢？这时候正好过来几个同年级的语文老师，我便选了几篇有"代表"性的作业本，上前和他们讨论了起来。

"老师们，你们认为这几位学生这样写看图作文有什么不妥，我们在更正时，是按标准答案，还是……"

A师："我认为不一定非要和标准答案一致，只要内容描述正确，就应算对的，要尊重小孩子的想象力！"

B师："我认为A老师说的不太正确，如都和C小朋友描述的那样，就不应该算对，至少描述的语句内容要健康才行！"

C师："我认为孩子有丰富的想象能力固然是好的，不过最好表达的中心思想还是要与标准答案接同或相近，刚看了以上几位同学的语句，感觉他们都没有很好地把画中的事物描述出来，如'冰糕箱'就根本没提到，这样给人一种跑题的感觉，如果在考试中会被扣很多分的！"

…………

听着老师们的讨论，我不由地想起了前不久看到的一则报道：一位报社记者对行人进行测试，记者故意将一份合同书扔在商场门口，并在暗中观察，大约过了五分钟，第一位行人走了过去，没想到这位行人只是看了一眼合同，便直接进了商场；第二位行人走了过去，他拾起合同看也没看直接放进了垃圾桶；第三位行人走了过去，用脚踢了下合同书，头也没回就进了商场；第四位行人走了过去，他拾起来看了一下，并在四周寻找失主，最终交到了服务台；第五位行人走了过去……这个测试主要是根据行人拾到东西后的不同反应来说明公民对一些非金钱类物品所表现出来的态度，告知人们在以后处理类似问题的办法，提高人们的政治思想水平。换个角度来考虑，就连大人在处理同样一件事时也有不同的表现，更何况是几十个小孩子面对同一幅画面了。所以，我认为教师的作用只在于正确引导，要让他们用自己的语言表达心中所想到的美好事物，但是文章思想一定要健康，如：C小朋友虽然想象丰富，但是想象中的做法是完全错误的，严重的会导致犯罪。遇到类似问题我们教师应及时指出，但又不要限制学生的思路，在教学中创设想象的气氛与环境，鼓励学生大胆想象，奠定想象的情感基础。在平时教学过程中要注重交给学生课本上没有的知识，使小孩子的知识范围在课本的基础上有所丰富和扩展，只有这样，才能使学生产生得以丰富的想象。比如讲“长方形”时，不是孤立地只讲什么是长方形，而是与三角形、正方形、梯形等对比着讲，并与广泛的生活实际联系起来，使孩子们在众多的图形中认识长方形，并懂得长方形在实际生活中的运用，扩大学生的知识基础，就能有更大的空间进行自由想象。

爱因斯坦说：“想象力比知识更重要，因为知识是有限的，而想象力概括世界上的一切，推动着进步，并且是知识进化的源泉。”儿童的想象力是丰富奇特的，因此我们就要利用这一特点，对学生进行正确引导。“叮！……”上课铃的响声打断了我的思考，我脑海里已有了“特别处理”方案，胸有成竹地抱上作文本朝教室走去……

给了舞台也灿烂

山东省烟台市牟平区实验小学　曲　涛

今天，一位名师要到我们学校上一节数学课，领导安排用我们班的学生。由于场地的限制，只能去四十名学生。我便从六十几人中选出四十名“好”学生去上课了，剩下这部分只得由我来看班了。我打量着他们：局促不安，躲闪着我的注视。怎么看，心底都难以涌上“喜爱”的感觉。窗外走廊上，站成两排的同学们显得兴高采烈，许多同学朝室内这些学生扮鬼脸。是的，他们可以上舞台，可以在全校老师面前展示自己，而留下的这些，只有眼巴巴地羡慕。我心里忽地“不忍”：我放飞了一群白天鹅，留下了一群丑小鸭。

我强装笑颜，装着神秘地说：“知道我为什么把你们留下吗？”“为什么？”他们的眼睛刹那间有了光亮。“我看了咱班的评比台，你们得的小红旗太小了，本月末要根据小红旗的数量评出文明少年外出活动。这节课谁表现得好，我就给谁加小红旗。”“真的？”小家伙们呼啦啦地来了精神，挺直了腰板。“我觉得你们比他们出去听课的一点也不差。”我乘势再次为他们鼓气。

我们的课在同学们的信心十足中拉开了帷幕。这节课的内容是《直线、射线、线段》。当学习到射线时，为了了解他们对射线的理解，我问：“你们能举出生活中的射线的例子吗？”我热切地望着他们。

一只小手举起来了，两只小手，三只，四只……我有点儿激动，也有点怀疑：平时，他们呐喊助威还行，正儿八经回答问题，就不行了，现在能行吗？“伟伟，你来说吧。”我点了第一个举手的他，看他能说点什么。他有点腼腆地站起来，“我觉得射线就像我们的学习，没有止境。”我有些吃惊，虽然有点文不对题，但一个我心目中的学困生能说出这样的话，还是大大出乎我的意料。我急忙带头鼓掌，并且奖他一面小红旗。他在羡慕的眼神中不好意思地坐下了。

同学们兴奋起来了，几只小手又举起来了。“调皮大王”还没等我点名就抢先发言了，“我们每一根头发就是一条射线”“哦，形象，但……”还没等我说下去，平日最懒得写作业的垒垒站起来了：“不对，人都有生老病死，如果人的生命结束了，头发还能长吗?”“说得句句在理!”我拍拍垒垒的肩膀。他简直受宠若惊了！脸涨得通红。这是他第一次与我零距离接触呢！我给他俩每人奖了一面小红旗。

短暂的平静后，又有几只小手举起来了。我叫了小莹，她说：“老师笑时的眼神就是一条条射线。”我的心一动，眼睛有点湿润了，这棵角落里的小草，我什么时间还冲她笑过呢?“好孩子，你说得真好。”我抚摸着她的脑瓜，满含歉疚而又真诚地给了她一个微笑。其他孩子也仿佛明白过来了，受到鼓励似的赶紧举手。朋朋说：“太阳发出的光就是射线。”小洋说：“灯光也是射线。”……

课在热烈在进行着，当我把又一个问题——“你觉得这三种线有什么区别?”抛出时，一向沉默寡言的小辉，竟然举手了。我欣喜若狂。她说：“老师，我可以用改动的歌词来说吗?”这倒新鲜——“可以啊!”“直线是不知从哪里来，也不知要到哪里去；射线是知道从哪里来，可不知要到哪里去；线段是知道从哪里来，也知道要到哪里去。”诧异与惊喜之后，教室又响起热烈的掌声。这小姑娘不可小视，我高兴地笑着，奖给她一面小红旗。“老师，我还有不同的说法”、“老师，我想说”……他们的脸红了，眼睛亮了。教室里的掌声不断响起来，我的小红旗不断送出去，我的心一次又一次被感动，被震撼。

下课了，他们还围着我兴奋地说着。那些上完课走进教室的“白天鹅”们，无比诧异地看着兴奋不已的我们，搞不清我们为什么如此光彩照人、其乐融融。“今天上课真有趣!”、“我要天天发言”、“老师，你笑起来真美”……我醉了。

为什么他们会闪光？为什么他们也会出色地表现自我？很简单，因为，以前白天鹅们掩盖了他们的光芒，我忽略了他们的存在。一旦我怀着爱心走近他们，就看见了闪亮的他们。今天的他们，消除了我心中的偏爱，破除了我观念中的定式。给学困生们表演的舞台，给学困生们一点爱，他们也会旋转如炫目的白天鹅，给我们奇迹呀!

别让“后进生”成为教育的遗憾

江苏省张家港市兆丰实验小学 张 瑾

大家都熟悉的爱迪生、爱因斯坦，他们在小学阶段都曾经是有名的“后进生”，爱迪生因“调皮捣蛋”而被教师赶出学校，爱因斯坦也因“愚蠢”而成为大家讨厌的学生，而恰恰是这样两位有名的“后进生”给人类做出了巨大的贡献。

打开“教育在线”，我清晰地看到特级教师陆友松的一段描述：

这是一个早晨，春寒料峭。我应邀去一所城区小学参加听课活动。步入教室，我习惯性地向后排的最角落走过去，我知道，通常这里会坐着被大家一致认为的后进生。执教的这位教师，离上课仅仅五分钟，她径直向我桌边的小男孩走来。似乎有了准备地对我说：“他（一位七八岁左右的小男孩）是咱班的籍外生”、“他已经上过一年级了，现在连幼儿园都不愿意接收他”、“这个孩子真的不可救药呀”、“我也拿他没办法”……我开始细细打量这个孩子：他非常普通，一脸的童真、稚气，说起话来很有特点，腮边挂着的小酒窝便足以让人联想到他的聪慧、可爱。我怎么也想不到他竟然是教师眼中的差生、后进生，但经老师这么一说，我也有些相信了；我无法想得通他如何变成“冷板凳”中的一员，但必须承认。于是，就在这节课上，有了我们轻松、愉快而又抑郁、沉闷的对话；有了我们紧张、活泼而又腼腆、随意的交流；有了我第一次刻骨铭心般的激情，有了我一种酸酸的、涩涩的味道。我主动伸出手，他也伸出手，我们俩相互握了握手。这时候，他用一种异样的眼神看着我。我分明感受到那双眼睛里流淌着的是一份沉沉的“奢望”。他奢望得到关怀、关心；他奢望得到温暖、呵护。

相信有陆友松老师的关爱，这位姓黄的小朋友必将能健康地成长。

在我们的教育生涯中，也碰到过这样那样的“后进生”。尽管“后进生”形成的原因是多样的，但他们同样渴求知识，渴望被老师和同学接纳、重视的愿望和其他同学没有两样，多少次当我不经意间对某位“后进生”表示了一丁点的关心时，同他们打个招呼、请他们拿一下实验仪器，他们眼神中所流露出的激动让我久久难忘。我时常在想，我能否在平时多关心一下这部分同学，多给他们一点爱呢？

苏霍姆林斯基曾在他的《给教师的建议》中谈到对“后进生”的工作时这样阐述：“有一个叫费佳的学生是我永远难忘的。我教过他 5 年——从三年级到七年级。费佳所遇到的最大障碍是算术应用题和乘法表。”为帮助像费佳这样的“后进生”，苏霍姆林斯基给这些孩子编了一本特别的习题集，并专门为他们搜集了一套专供他们阅读的书籍……

七年级毕业后，费佳进了中等技术学校，后来又成了一名高度熟练的专家——机床调整师。

也许，没有苏霍姆林斯基，费佳将永远都跟不上他的同学，那他可能就不会成才。

不论是姓黄的小朋友，还是费佳，他们都是幸运的孩子，因为他们有了至仁至义的大师给他们无私的关爱，也就有了许多美丽的教育童话，也就有了孩子人生里灿烂的光华，也就有了我们每一位教师怎样用心去诠释孩子的差异。谁说“后进生”是弱智？谁说他们不能成才？只要我们都能敞开胸怀去接纳这些“后进生”，尊重这些孩子，给他们和其他孩子同样的关爱，我想他们也一定能成材。千万不要用不经意间的疏忽或老眼光去夸大他们的“缺点”，千万不要放弃对他们的关爱，更不能打击他们，因为你的冷酷很有可能“击垮”他们稚嫩的心灵，同样也会给我们的教育带来永久的遗憾。

孩子，老师向你道歉

江苏省太仓市新区第二小学　金　芝

开学的第一节课，没有给学生上新的内容，拿了上学期期末的数学考卷，因为考卷中出现了一些比较难的题目，需要和学生们一起来研究谈论一下，这样才能更好地与新的内容衔接。考卷上的题目虽然讲完了，为了测试学生的听课效果，于是又出了几道题布置给学生中午完成。

吃完中饭，我直接跑进教室准备批改作业，一组一组学生挨着轮流批，轮到燕了。这是一个成绩差，平时脏兮兮的小女孩，别看她一副老实巴交的样子，作业却经常迟交，而且字迹非常潦草，老师经常要叫她重新完成作业，她有时还偷工减料，甚至不做，期末考试成绩也很不理想。接过她的作业本，发现刚才强调的题目还是不会做。题目：在一块长 16 米，宽 12 米的长方形地里，划出一块最大的正方形地种西红柿，剩下的地种辣椒，辣椒地的周长是多少？

再看她做的答案：怎么是 16 × 2 = 32 （米）？我顿时气不打一处来：“你到底有没有听讲？这种题目的解法我是这么讲的吗？”

她红着脸，低着头，一声不吭。

她的窘迫丝毫没有减少我的怒气，想想平时在她身上花费的时间和精力，想想她这些天来毫不知错就改的表现，我更是怒火中烧，紧紧地逼视着她。

“我不是叫你找出它（辣椒地）的长和宽，然后再计算它的周长吗？”怒气使我的语速明显加快。

她仍然不做声。我知道，再吼下去她也不会开口的。她就是这样，犯错误了，老师找到她时，似“沉默的羔羊”，可怜之极。老师对她和风细雨，加以规劝时所说的道理她比谁都清楚，可过后依然我行我素，一点不求上进。

我沉默了片刻，只为调整自己的情绪，给她再讲一遍。

“辣椒地的长是多少？”我的语气很强硬。

“12 米。”还好，她并不是太糊涂，虽然声音矮了点。

“宽呢？”我紧接着问。

“16 - 12 = 4 米。”

“知道长和宽，你不会求长方形的周长吗？”我感到莫名其妙，“长方形的周长怎么计算？”

“长加宽等于 16 米，再用 16 × 2。”她终于说出了我想要的答案。

16 × 2？怎么跟得出的我认为错误的答案一样？我愣住了。是巧合吗？我对照她所画的草图，开始重新思考。

辣椒地的宽就是原来长方形地的长减去正方形地的边长，也就是减去原来长方形地的宽，辣椒地的长也就是原来长方形地的宽，这样，辣椒地的周长 =（辣椒地的长 + 辣椒地的宽）×2

=（原来长方形的宽 + 原来长方形的长 - 原来长方形的宽）×2

= 原来长方形的长 ×2

原来这道题是可以这样解的。我的脸开始发烫，为自己思维的肤浅教条，为自己的自以为是，更为自己专横的态度。虽然一旁的燕还不知情。

设想一下，假如是一位成绩一向优异的学生这样解答这道题，也许我在一开始就会耐心了解其解题的方法和道理，而不是不容分说地加以斥责；也许我还会为她独特的思维拍案叫好，而不是将它泯灭，让它消失于无形。

现在才知道，原来自己戴的“有色眼镜”从未摘掉，原来对我来说“尊重每一位学生”不过是一句写在白纸上的空话，它并没有内化进入我的大脑，进入我的心灵，成为我细胞的每一个组成部分，左右我的每一个行动。

学生何错之有？我为自己汗颜！

课堂生成应有度

江苏省连云港市大庆路小学　王怀中

我教《鹬蚌相争》这则寓言时，一个学生举手质疑，让我遭遇了一个“意外”。

学生问：“老师，我看文中一个句子有问题。鹬威胁蚌说：‘你不松开壳儿，就等着瞧吧！今天不下雨，明天不下雨，没有了水，你就会干死在这河滩上！’”仔细想想，此时鹬的嘴正被蚌夹着，嘴是抿合的，怎么可能说话呢？

《鹬蚌相争》这则寓言被选入多家教材。在教学这则寓言时，不少老师都注意到鹬与蚌没有张嘴就说话这个问题。对这一内容，很多老师选择了回避，还有一些老师则为其完全改变了预定的教学计划。

江苏省的特级教师周益民在教这一课时同样遭遇到了“意外”，但周老师用以下三招：第一招，把问题交给学生，“大家就这个问题小组讨论讨论”；第二招，把问题交给作者与编者，“同学们一起动脑来改改教材，再动手给编辑叔叔写封信”；第三招，当学生问蚌如何能说话，两个壳是不是它的嘴时，周老师就提出，“这个问题怎么解决——上网或去图书馆查资料”、“去请教自然老师”、“设法弄只蚌来自己观察”。对此，周老师写成《无法预约的精彩》一文，刊发在《人民教育》上，据此，“无法预约的精彩”便成了课堂教学的一个固定用语，此课也成了“生成性课堂”的一个范例。

我在进行本课的教学时，像很多老师一样，将寓意的理解运用当成教学的重点与难点。对“意外”，我尽快化解，同时注意生成，以引导学生展开课外阅读。这样化解费时少，不影响原定知识点的教学。因为原定知识点的教学非常重要，若不能学好，以后就要挤出时间弥补，是不恰当的教学方法。对这一“意外”投入太多的精力，不能只看到“得”，还要看到“失”，或者说，要进行生成性的教学需要权衡得失，把握一个度。若不谨慎，就会让课堂变得随意性太强，很容易得不偿失，有违生成性教学的初衷。

周老师的《鹬蚌相争》教学是否就是“生成性课堂”的范例，本人认为还待商榷。倘若周老师在备课时就预料到了这一意外，对此作较多研究与准备，认为教材没有错，他还会不会来“三招”？倘若没有预料到，但注意这个“意外”不是转瞬即逝的教学资源而将其暂存，当成一个“悬念”，以后进一步开发利用，收效又会如何呢？

一起课堂“事故”的处理档案

江苏省徐州市铜山县柳泉镇中心小学　程言峰

“嫌疑人”小档案：厉丹，柳泉镇中心小学五年级学生。女，但有男孩子的性格，大胆泼辣，可爱不失顽皮。因为作文成绩优秀而成为班级中的女“秀才”，在班级中大错不犯小错不断，一度令老师苦恼万分。

“事故”纪实：2005年12月23日中午，语文复习课上，厉丹同学当着全班同学说教语文课的程老师“少脑子”，发生了“骂”老师的教学事故。

处理办法：责令厉丹在一天内就“事故”发生的背景和原因作出500字的文字说明，再酌情处理。

厉丹同学的事故说明：标题——《三字换千字》

看到这个题目，你们一定很疑惑，三个字怎么能换来一千个字呢？如果你不信，就请听我讲：

“来玩一根油条喽……”“人在江湖漂呀，哪有不挨刀呀……”同学玩得热火朝天，那个热闹劲，上课铃响了，竟然一个人都没有听到！管他呢，我还是练习写我的字，哈，挺认真吧……咦！奇怪啦？同学们怎么不说话了，刹那间班里鸦雀无声，静得连掉一根针都能听见。转脸一看，呀！“诡计多端”的程老师从后门进来了，我赶紧缩过头去，生怕被发现了。我心中暗想：这个程老师，他是飘着走的吧，怎么像“鬼”一样，走路不出声？——开个玩笑，嘻嘻。

“做练习册的单元测试七。”程老师的声音倒是洪亮，差点儿吓本姑娘一跳。同学们一个个小脸上露出闷纳的表情：嘿，单元测试七不是昨天就做完了吗？有的同学忍不住嚷开了：“老师老师，单元测试七昨天早就做完了。”老师一脸惭愧，抓了抓脑袋说：“噢，复习糊涂了。看看单元测试八，明天测试。”嗨！这个糊涂虫老师！我的满腔“热情”终于忍不住“走火”了，便脱口而出：“哼，少脑子。”顿时全班哄堂大笑，有的笑得弯了腰，捧着肚子前俯后仰；有的笑红了脸，胀得像个红灯笼……

“叮零零……”随着几声铃声，下课了。老师走到我跟前，小声地说：“厉丹，过来一下。”尽管声音很小，可是全班人还是听见了。我刚走出教室，“快嘴麻雀”陈永强就像鸟一样“叫”了起来：“厉丹，你惨了，你死定喽。”又不是上刑场，怎能“死定”哪，我生气地向他伸了伸舌头。到了楼梯的时候，胡忠甜也走了下来，郭慧也走了下来……我心想：本姑娘我去办公室接受教育，就这样轰动全球！什么时候等我成了当红歌手，嘿嘿，那就可以创世界纪录了。

到了办公室，我摇头晃脑，站没站样，像个小混混——要让那些围观的同学们看看我“临危不惧”的“英雄气概”嘛。可是，当老师们的目光齐刷刷地投向我时，我只觉得背后冷飕飕的，脸上滚烫烫的，想必那时候脸红得一定像猴子屁股吧。唉，早知今日，何必当初，等着挨训吧！

你说，这个程老师就是有点“怪”，让我“就课堂上的发生的‘事故’写出五百字的情况说明”，说这么一句话，就对我“刑满释放”了！

谢天谢地！不就是写一篇作文嘛，可是本姑娘的拿手好戏！——这就是“著名”的三字换千字的典故。

说句老实话，写这篇“事故说明”的时候，我觉得自己说得真的是太不对了。“一日为师，终身为父”嘛，程老师确实待我们不薄啊！我要向老师说一句发自内心的话：“对不起，Mr. Cheng！”——为表诚心，加倍自罚，把本“事故说明”写了一千多字。嘿嘿！

语文老师“审批”意见：该“事故说明”能够抓住身边的事件进行细致深入的刻画描写，事件中的人物性格鲜明，心理描写细致，语言生动有个性。准备修改后往报社投稿。为检验该同学悔过的诚心，要求厉丹在作文课上范读本文，以弥补程老师的精神损失。

“事故”反思：教育孩子，首先要爱孩子。如果我们每一个教育者，都能从孩子们的立场出发，去理解孩子，关爱孩子，并不因为孩子们冲撞或冒犯了自己而去打击报复他们，而是以一颗宽容的心去感化他们，引导他们，那么，即使是我们对他们的惩罚，也是美丽的、多彩的、甜蜜的……

学生作文何必太推敲?

山东省威海市乳山口镇小学 马俊华 王 龙

一下课，物理老师就兴冲冲地朝我走来：“咱们教室的作文都是学生自己写的吗?”

“是啊，怎么了?”

“写得真不错，他们还有这么高的水平，真没想到！你瞧，沙冬冬物理不怎么样，话说得还不错，什么喜欢妈妈的勤劳，讨厌妈妈的唠叨了，还有王晓楠，你看他写的《让篮球焕发光彩》，多好啊！”物理教师简直像发现了新大陆的哥伦布，充满了兴奋，语调里有压抑不住的激动。

“是吗?”我愣愣地听着，终于明白是怎么回事了。

原来，学校的创新作文展览橱窗要展览学生的创新作品，我从同学们交上的作文里千挑万拣才找出了两份勉强过得去的作文交上去，而剩余的那些我认为毫无新意的作文就挂在教室的展览角里，让他们课余时间拜读别人的文章，找出自己文章的不足，物理老师连声称赞的作文就是那些我认为毫无新意的文章。

“那些作文，好什么呀?没有主题，没有章法，乱七八糟！”

“语文老师水平就是高，我怎么觉得那么好，看看沙冬冬整天没言没语的，写起文章语言还挺流利呢，真觉得要刮目相看了。可能就是我们的欣赏水平不一样吧！”

听着物理老师由衷的赞叹，我不禁也受到了感染，是啊，比较起来，沙冬冬的作文虽然缺少新意，但他的作文确实有这样的真情实感，有这样的优点，为什么我就没有注意到这一点呢?

我总认为他们的作品不够完美，总认为他们的作品经不起认真推敲，总是让他们努力地去改善，甚至于有些时候看完他们的作文，我比他们更丧气，而下一次的作文课上，他们写得更艰难，作文课有时上得让学生和我都感到头疼。

“何必太推敲呢？”他们又不是作家，不是文学家，他们只要能够表达自己的真情实感，能够写出自己的独特感受，那不就是一种进步，一种收获吗？只要感到作文是快乐的，他们的写作不就从容、不就美丽得多了吗？

“何必太推敲呢？”作文不是老师教出来的，而是学生写出来的，激发起他们的写作欲望，激活他们的表达意识，那不就是作文教学最基本的要求吗？

世界是美丽的，学习是快乐的，作文才能更好地表达出我们各自独特的感受，深刻的体验，让学生喜欢作文，热爱作文，远比要求他们写出好作文更能让他们接受。让他们真正走进写作的天地，就要宽容地看，就要换一种眼光看他们的作文，去评价他们的作文。

其实，看看自己在很多事情上，又何尝不是如此？总是求全责备，总是希望自己做得十全十美，可是结果又常常不令人满意。

如今，我又以这样的眼光来看待孩子们的作品，还总以为自己站得高，看得远，对学生的每一篇作文，从立意到语言、从个性到创新都滔滔不绝地进行评论，我总以为这样才能让他们进步，哪知这样更带给他们无奈，带给他们失败，带给他们失望乃至消极地拒绝写作。

为什么不让学生从自己的作文中找一找优点呢？挂在展览角的作文，本是我对学生作文的批评、曝光，可是不明事由的物理老师竟从作文中看到了那么多的优点，是不是学生们也会从彼此的作文中找到不少的优点呢？

想到一个小学教师教学生造句的故事：在一节课的课堂上，有个学生用“晶莹滴翠”造了一个句子：“大雨过后，树叶绿得晶莹滴翠。”受到老师的表扬。结果，在第二天的作业本上，老师发现了很多含有“晶莹滴翠”的句子，有写“太阳出来了，湖面碧波荡漾，晶莹滴翠”的，有写“清晨，田野里的禾苗晶莹滴翠”……实际上这些词语的运用有的并不妥，但不是这种模仿，学生怎能学会运用新学的词语呢？用词如此，作文岂不更应如此？让他们在彼此的欣赏与模仿中一步步提高，不正是我们当老师最应做的吗？

学生的作文还需要挂在展览角里，但是不是彼此找毛病，而是找优点，这是我的第一个决定，学生的作文在彼此的欣赏与推崇中一定会成长得更快！学生们的语言与写作技巧也一定会不断地成熟起来。多一些鼓励，少一些推敲，学生们将会走进一个新的写作天地。

从《狐狸和乌鸦》之教育价值说起

浙江省永嘉县乌牛镇横屿小学　吴成业

《狐狸和乌鸦》的故事童叟皆知：这是一只爱慕虚荣、易上当受骗的乌鸦，投其所好的狐狸几句虚伪的表态，哄得乌鸦自以为有可乐之润喉，于是惶惶然，嘴中的那一块肉也就悠悠地掉到了狐狸的嘴里，最终掉成了一个经典的故事。

显然，寓言中讽刺、讥笑的倾向是非常鲜明的，也许《狐狸和乌鸦》想告诉学生：爱慕虚荣、喜听好话是会上当受骗的！这往往是一厢情愿，事实上，《狐狸和乌鸦》给一些小学生的感觉是：乌鸦是活该上当，不值得同情，而狐狸是“聪明”的，值得赞赏，值得仿效。由此可见，在今天《狐狸和乌鸦》是一把双刃剑，它的教化意识有点模糊，所传达的信息是复杂的，小学生是难以正确领悟和理解的。

狐狸和乌鸦是寓言中的角色，只是一个载体，重要的是载体后面所隐含的寓意。不知我们有没有意识到，教材中的动物几乎都会被小学生贴上标签，一旦动物被贴上标签后，其教育功能凸显了，动物形象单一了，动物的自然本性被隐蔽，动物的社会属性大大张扬。这时，动物的类型化就相当于人的类型化，狐狸和乌鸦在小学生的眼里分明就是“狐狸式的人”和“乌鸦式的人”。《狐狸和乌鸦》仿佛在告诉小学生——像“狐狸式的人”能获得利益，像“乌鸦式的人”会吃亏，平心而论，这“老实吃亏”的狡诈哲学能向小学生“灌输”吗？不仅如此，教材还将乌鸦叫声难听这一自然缺陷作为取笑对象，使小学生无形中对乌鸦产生厌恶感，同时，也在暗示小学生：抓住别人的缺陷加以利用能取得自己的最大利益！我们姑且抛开“老实吃亏”这狡诈哲学先不说，将自然缺陷作为取笑对象，无论是哪个时期哪个地域的人都是不会赞同的！

由此可见，像《狐狸和乌鸦》这些在人文精神、生命意识方面存在值得商榷之处的篇章，还在技术性地教授，而不去审视教材所承载的教育价值。小学生的认识还不成熟不完善，他们会唯师、唯书、唯上。而教师顺其自然的技术性教法，必然带来小学生歪曲、甚至错误的认识。

显然，像《狐狸和乌鸦》一类的文学作品中不管善意嘲笑还是恶意讽刺，都很容易给小学生形成尖酸刻薄、缺乏人文关怀的语言环境，长此以往，会造成小学生人文价值的颠倒和人文关怀的失落。

语文课程改革倡导使小学生的思维能力发展的同时，在情感、态度、价值观等方面也要得到发展。我们的学生不能是只学会学习，他们还应学会合作、学会生活、学会思考。从这点反思我们的语文教材，它不仅应关注形象之生动有趣，还应关注是否有利于小学生人文精神的培养。诚然，文学经典集美学、语言学、哲学为一体，是民族人文精神之所在，是人文关怀之源泉。但随着时代变化和社会发展，教材中文学经典的选择也应与时俱进！虽然经典范文曾伴随着几代人的成长，是经典中的经典，但是个别与和谐教育理念不相适应的文学作品还“涛声依旧”！不知我们是否意识到，这种小学生眼中类型化的动物形象所蕴涵的价值取向对小学生的影响有多么深远、多么巨大，它对小学生的世界观、人生观、价值观的形成是潜移默化、近朱近墨的。我们不难想象，向小小年纪的小学生无形中灌输这种“不和谐”的价值取向，是不是太可怕了？

由此要反思我们的教材，我们要向小学生提供人与自然和谐相处的文学作品，而不是不和谐的文本。我们在要求教材发挥承载的教育功能时，是否注意到教材本身的教育价值？显然，只有倡导人与自然和谐相处的教材，才能最大程度地发挥教材的教育功能。因而充满人文关怀的教材应是这样：所有动物都是可爱的，都和睦、和谐、和平相处。我们要培养小学生批判性地对待动物们的缺点，而不是讥笑讽刺它们的缺点，更不能以一种主宰者的心态对待它们。如此才能通过教材的熏陶，使小学生的人文精神、生命意识得到张扬。而这关系着民族未来的命运、国家未来的命运！

奖励的学问

——从三位名师的课堂“奖励”说起

江苏省大丰市万盈镇第二中心小学　景明水

奖励，即用荣誉或物质来鼓励，是对人付出努力、取得成功的肯定与褒奖。奖励这种方式，也是我们老师课堂常用的教学策略之一，不少老师在课堂教学过程中都爱使用，特别是在许多公开课课堂上，更是屡见不鲜。执教者们为了能激活一潭课堂教学的“死水”，活跃课堂学习气氛，提高学生的课堂参与度，绞尽脑汁，变换着各种“招式”来吸引学生们的眼球，奖励表现出众的学生：“大拇指”、小红花、纪念品、卡片、书签，甚至铅笔、练习本，五花八门，不一而足。

老师们的良苦用心值得肯定，也无可厚非。但是如果我们要反观这类“奖励”的背后及其效应，似乎还很有研究的必要。下面，我们就“奖励”这个话题，先一起观摩一下三位特级教师在课堂教学过程中的表现。

薛法根：《我和祖父的园子》一课上的“朗读奖赏”。

师：谁愿意选择一节写“我在祖父的园子里玩闹的段落”来读？注意：要用心读，读出“我”的玩、闹，让我们大家感受到“我”的顽皮。

（生1举手，老师让其站起来读其中的一节。）

师：你为什么读得这么好？

生1：我认为：只要抓住关键词，想象“我在园子里玩、闹的情景”就能读好。

师：你说得真好，读得更好！老师奖励你再读一节。

（生1又站起来读了其中一节。）

于永正：习作指导课上的“评分”。

师：习作《逛公园》写好了吗？谁来把自己写的《逛公园》读给大家听。

（一生举手，于老师让他读了自己的习作。）

师：（学生读完后）这位同学写的《逛公园》，内容翔实，叙述也很清楚，得分100分！逛公园的所见所闻写得十分具体加20分，读得好再加10分，最后得分130分！

（老师评分后，教室里顿时欢呼雀跃起来。）

贾志敏：习作指导课上的“等第”。

师：谁把自己写好了的文章读出来？

（十几位写好习作的学生举起了小手，贾老师请了其中一位学生站起来读。）

师：（学生读完后。）这篇文章写得怎么样呢？我们习作的评分标准一般分为上、中、下三等，其中上等文又分上上等、上中等、上下等。这篇文章从总体上说：小作者能把自己感动的事情写清楚，内容真实，因而属于上等文。但是，文章对事情的过程叙述得还不够具体，有些语词用得也不尽准确，还需要好好推敲、琢磨，因而这篇文章应属于上等文中的中等文。

（学生听了贾老师的评价，连连点头称是。）

听完，我想大家一定会被大师们炉火纯青的课堂造诣深深震撼了。

课堂上，薛法根老师对朗读得好的同学进行了"奖励"——奖他再读一节，这是平凡之中孕育着智慧真谛的举措。这样做，既能褒奖表现出众的同学，有利于激发其他学生读好课文的意识，又能让表现好的学生得到了再次锤炼的机会。薛法根老师在语文课上运用了"语文的方式"来奖励学生。

于永正老师对学生习作的"评分"挺有意思。他既不吝啬分数，一下子便给了学生一个惊喜：100 分。同时，又注意奖励学生：写得具体加 20 分，读得好加 10 分！贾志敏老师则把作文的评价标准分为上、中、下三等。其中，上等文又分为上上等、上中等、上下等。学生读完了，贾老师先是激励学生，把学生的习作归为上等文，紧接着又指出了学生习作中的不足，告诉学生习作应属于上等文中的中等文。两位大师虽然执教内容不同，评价方法有别，但是有着异曲同工之妙。他们不仅能让学生知道自己习作的得分，而且能让学生知其所以然——为什么得这个分？不仅能把死板的"分数"评得有血有肉的，而且能让全体学生在评分的过程中，明白"应该如何去作文。"

奖励是一门学问，也是一门艺术。人们常见的老套乏味的课堂奖励方式，甚至过度倾向用物质奖励来刺激学生学习积极性的奖励是否适宜、是否有效呢？大师们的课堂奖励给我们提供了学习的“范型”，值得我们细细品味、借鉴。

如果知道，你就大胆地说出来

安徽省天长市汉涧二中　宗　权

孙子上小学了，我因临近退休课程减少了许多，算是个闲人，所以接送孙子上学的事情自然就落到我的身上。孙子的班主任胡老师原来也是我的学生，对小孙子的学习就显得格外关心。这天我送孙子到学校正要离开，胡老师向我“告状”，说孙子上课不注意听讲，老师提问不思考、不回答，甚至说废话。我在想，他脑子聪敏、反应灵敏，成绩还不错，是不是有点翘尾巴了？

放学回家后，我就问孙子，为什么会这样？他开始显得有些委屈，后来又振振有词。经过了解，我得知，刚上学的时候，他上课发言很踊跃，老师提出的问题，其他学生还没反应过来他就把答案说出来了。可后来，老师不高兴了，他一说话，老师训斥“插嘴！”就这样反复几次，孙子是学“乖”了，也不再插嘴了，坐在座位上，但嘴里却叽咕着：“这个问题我知道，可是我不说。”

是啊，孩子从最初的积极回答，甚至不请自答，到后来的“我知道，可是我不说”，学习的热情一点点被敲打，被磨平，这是一件多么可悲的事情！今夜无眠……

第二天，我紧急“召见”胡老师。我从欧洲教师称赞中国的孩子非常聪明，许多难题学生都能对答如流，可他们认为中国的老师很“吝啬”，很少表扬学生，谈到小学语文考试卷上“进”的反义词是什么？至少有一半的人写出的答案被判为错的。因为标准答案是“退”，答“出”的只能算错……可能我这个家长曾是他的老师的原因吧，所以我也无所顾忌地滔滔不绝。

新的课程标准强调在教学过程中必须以学生的发展为主，构建以生活为基础、学科为支撑的课程模块，注重课程实施的实践性和开放性，提倡新型的民主化师生关系，老师成为学生的合作者、鼓励者和引导者。学生插嘴是应该的、合情合理的。在老师的指导下，让学生畅所欲言，意识到自己是学习的主人很重要。老师应当鼓励提问，允许插嘴。对学生质疑和提问时有可能出现的“混乱”场面应当采取宽容的态度。课堂不应该是一潭死水，它应该是有情感变化的。学生随着课堂气氛可以伴有丰富的情感变化和语言动作，有时还会不由自主地跳跃起来，如果教师把这看做是妨碍教学，以纪律为名去强行压制，学生的情感和思维就会受到压抑。

20 世纪 60 年代，美国有件轰动世界的家长告幼儿园的诉讼案。一个名叫伊迪丝的 3 岁女孩告诉她的妈妈：她认识礼品盒上的 O，妈妈非常吃惊，问她是怎么认识的，伊迪丝说：“薇拉小姐教的。”这位母亲在表扬了女儿以后，一纸诉状把薇拉小姐所在的幼儿园告上了法庭，理由是该幼儿园剥夺了她孩子的想象力。因为她认为在女儿认识 O 之前，可以把 O 想象成太阳、足球、苹果之类圆形的东西。然而在女儿认识了 26 个字母以后，便失去了这种能力，她要求幼儿园赔偿伊迪丝想象力损失费六千万美元。这个案子谁最终胜诉已经不重要了，重要的是孩子活跃的思维消失了，主动释放出来的创新精神被扼杀了。

胡老师一声不吭地听着，从他的神情中看得出已经悟到了些什么……

课堂上积极“插嘴”，是学生的思维一直都活跃在课堂的表现。如果将“学生插嘴”与学生的无视课堂纪律甚至心理品质联系起来，将会抹杀学生的思维能力和口头表达能力。学生跳着、嚷着、抢着回答问题是个性的张扬、思维的碰撞、智慧的撒播。

在我们的交流就要结束时，我说了这么一则故事。一个小男孩在家照顾他的妹妹莎莉，他无意中发现几瓶彩色墨水。小男孩忍不住打开瓶盖，在地板上画起了妹妹的画像，不可避免地造成了家里到处都被洒上了墨水污渍，变得凌乱不堪。当他母亲回来的时候被眼前的画像——准确地说一片乱七八糟的墨迹吓呆了。然而，她对色彩凌乱的墨水污渍视而不见，却惊喜地说道："啊，那是莎莉！"然后低下头亲吻了她的儿子。这个男孩就是本杰明·威斯特——世界著名画家。他常常骄傲地对别人说："是母亲的吻使我成了画家。"感谢这位母亲，她没有像大多数母亲那样对孩子大吼："不！"而是用教育家般超乎常人的慧眼"发现"了孩子的未来，我们做教育工作的能一点启发也没有吗？

孩子，如果你知道就大胆地说出来吧！

等待竟如此美丽

——《印度洋上生死夜》教学一得

江苏省连云港市赣榆县城头镇中心小学　梁庆梅

昨天去支教的乡镇小学上了一节公开课。这节课不仅让我对自己一直钻研的新理念下的语文常态课有了更新的认识，还让我意外地得到了更大的收获——课堂上的等待竟也会如此美丽。

当时课堂上教学依然在按我预设的教学思路进行着。尽管学生在默读感悟之后进行汇报交流的时候，所汇报的内容（课文里最让我感动的地方）没有按照课文中故事发生发展的顺序进行，和我的教学设计顺序也不一样，好在我早已考虑到了这个问题。可在这个地方却卡壳了：

师：课文中还有让你感动的地方吗？

一生说："他确信，一场天崩地裂在须臾间就会发生。其实，他完全可以打这样一条灯语：请救救我们！可是，他没有这样做。因为他知道，在这一海域，海啸随时都会发生。他抱住了克勒松，发现她的躯体已经冰凉。此时，他反而变得分外平静，只是在亡妻的耳边轻轻地说：‘亲爱的，原谅我……’”

生说：让我感动的原因是因为皮埃尔船长在救了客轮后完全可以打灯语让客轮救自己和妻子，可他却没有这么做。

师：作为一名船长，他当然知道海啸的巨大威力，也当然知道灾难一旦到来，他和妻子必死无疑。可就在此时，就在他确信天崩地裂在须臾间发生的此时，他却连条求救的灯语都没有打，是他不愿打吗？

生：不是。

师：是他没有时间打吗？

生：也不是。

师：那他又为什么不打呢？

生：因为他要是打了求救信号的话，客轮就会返回来救他们，而海啸须臾之间就要发生，那样将会让客轮和皮埃尔他们全都不能获救了。

师：面对着即将发生的天崩地裂的灾难，面对着已经死亡的妻子，皮埃尔为什么分外平静？

生：因为皮埃尔看到客轮已经转航，客轮上的人生命全都保住了。

生：因为他妻子虽然死了，可是却换来了更多人的生。

生：因为他认为妻子死得值得。

师：妻子的躯体已经冰凉，她静静地躺在丈夫的臂弯里，皮埃尔默默地看着心爱的妻子，此时此刻，他只是轻轻地说：“亲爱的，原谅我……”他要妻子原谅他什么？

生：亲爱的，原谅我为了救客轮上的人，我只能这么做。

生：亲爱的，原谅我，作为一个船长，这是我的责任。

生：亲爱的，原谅我，在那么危急的时刻，我要是不返回去打灯语，就会有更多的人葬身海底的。

生：亲……爱……的。

也许因为这个学生把亲爱的三个字拖的腔太长了，其他学生都忍不住哈哈大笑起来，这个学生被笑得满脸通红，低下了头。下面任凭我怎么问他，他都不开口了，怎么办？下面有那么多的老师看着，时间也不等人啊，继续等下去吗？那样我的教学任务可就完不成了，不等？就让他坐下？我觉得似乎不妥，因为我想这样做不但会伤害到这个孩子的自尊，还会让他失去自信，甚至从此不再喜欢语文了。想到这里，我快速地在头脑里思考最佳的方法，有了，我何不让他继续想想，让其他同学接着说，然后再请他说呢？于是我对他说："在皮埃尔的妻子已经死亡的情况下，皮埃尔的内心是多么的痛苦，你这么说很符合皮埃尔当时的心情，我想你这么说一定有你自己的道理，皮埃尔在这么痛苦的心情下，还可能会说些什么呢？你先想想看，我相信你一定会说出此时皮埃尔最想对妻子说的话，我们其他同学继续发表自己的看法，让他先思考一会，好吗？"他垂下去的头稍微抬高了一点。为了转移同学们的注意力，也为了给他一个缓和的时间，我又继续向其他同学提问着："皮埃尔还要妻子原谅他什么呢？"

生：原谅我，不是我不想救你，而是为了更多人的生命我只能那么做。

生：原谅我，我想如果换了你是我的话，我相信你也会像我这样去做的。

…………

在其他同学回答的时候我一直在注意着刚才的那个学生，我发现好几次他有点欲言又止，想举手又不敢举的样子，我想他应该已经有了答案，于是我叫到了他。

生：亲……爱……的，原谅我，原谅我这么狠心，其实我多么想尽快赶回去；亲……爱……的，原谅我，其实我多么想让医生救活你；亲……爱……的，原谅我，其实我多么想让你以后永远陪着我，多么想再有一起出海度假的机会……

说着，说着，这个同学的眼泪不由得流了出来，声音逐渐哽咽了，后来竟无法说下去了，而恰恰是这一份哽咽让我和同学们听出了皮埃尔此时内心的痛苦，听出了一对普通夫妻之间的深厚的感情，听出了一个平凡人的伟大。此时，尽管他所说的亲爱的三个字还是断断续续的，甚至比第一次拖的腔调还要长，却再也没有一个同学嬉笑了，越来越多的同学眼圈红了，眼泪出来了，我想此时同学们的情感真正和皮埃尔融为了一体……后面听课的老师忍不住爆发出雷鸣般的掌声，我和同学们也忍不住鼓起了掌，此时再看这位同学，已没有了丝毫的自卑感，相反此时他的头已经高高地昂起，我相信同学们的掌声会给他带来更大的鼓励。

后来下课后，他竟然拿来了自己的笔记本让我给他签名，我很意外，但同时诚实地告诉他，老师的字写得不好，希望他不会介意，并在他的本子上写下了“勤学、好问、健康、快乐”几个字。后来我了解到他原本是班级里一个调皮捣蛋的学生，课堂上很少发言的，就是偶尔举手也是想制造点麻烦以便让教师下不了台，课堂上经常会有老师被他气得七窍生烟，我猜想当时他原本的意图也是想弄我个难堪吧，也许恰恰是因为我对他的不了解给了他机会，让他有了积极表达的欲望，也才让他有了后面精彩的发言。想想这次课堂上的几分钟的等待，对于我们来说只是给了他发言、表达自己观点的机会，可是对于他来说，或许收获的就是整颗心——积极向上、勤于动脑、乐于学习语文的心。所以作为教师，课堂上我们不妨多些等待，特别是对于那些学困生，以及那些自信心不足、不愿意学习的学生，也让这些等待收获更多的希望。

成长篇：博观而约取

要做学者先做师者，要做师者先做忍者，要做忍者先做凡人，要做凡人先做让别人相信之人！人生苦短，何来享受？从现在开始学做“学者”，路漫漫其修远兮，我将上下而求索！

微笑能包含一切，更能拉近一切。教师的微笑打开学生的心扉，和学生心灵相通。不要吝惜我们的微笑，也许，教师那不经意间的微笑，就能改变一切。

坚持是一件法宝，是冲破失意、战胜困难的法宝，坚持一种美丽，是成就属于我们自己幸福和快乐的美丽！让我们为美丽而战！永远地学会坚持！

新的教育时代就要到来，每一名教师都要主动地迎接新形势下的挑战，不断提高自己的认识和修养，让新教育的春风吹进学生的世界，相信，等待我们的将是满园的春色！！！

从“师者”到“学者”

重庆市石柱县河嘴小学　钟发全

我是一个卑微的人。前几日，在几位朋友面前自揭老底，痛批自己纸上谈兵十年，迷离人生十年，表示以后再也不写“虚假文章”了。

从教十五余载，我从没有像今天这样清醒过。自从踏上讲台那天起，我便开始沿袭着千百年来的“师者”路径，传道、授业、解惑，一路摇晃着走到今天。强烈渴望走学者之路，似乎只是今朝之事。我将重新立志，再打拼十年或二十年，最终实现“师者”向“学者”的嬗变。

“学者”一词，以前在我的大脑这一本字典里，指的就是那些读过很多书、能提出独到见解的人，或者像教科书中介绍的那些与我相去很远的人，如“拒领美援面粉”的朱自清先生，一生做“落花生”一样有用之人的许地山先生……近十年来，我读了很多的书，却根本没法掩盖心中的惊慌，甚至感觉活得缥缈。我需要从今天开始脱胎换骨。

此时，我必须彻底自省，改变对“学者”的偏颇理解，走出死胡同，才可能找回曾经愧对的人生。为“师者”本不易，我知道为“学者”更难，首先是必先做好“师者”的本分。虽然，已有不少人看到我十年奋斗才换得的那点小成绩，向我投来赞许的目光。现在想起来，我在1999年立下的志愿（读书育己、教书育人、写书育世），真有好高骛远之嫌。这十年的纸上谈兵，出笼“虚假文章”，加上强发愁的姿态，突然间发现换得两鬓不少白发，真不划算。2008年的岁末，我虽然也有两本专著出版，虽然也像一些“学者”

一样外出讲过学，但此时的我更明白，实现“师者”向真正“学者”身份的突围，路还漫长。

一位乡村教师立下做“学者”的志向，也许不少人会笑话我“想吃天鹅肉”。我也知道，做有学问的“学者”，做教育圈内在学术上有造诣的“学者”，即“师者”的老师，传教师之道，授教师之业，解教师之惑，岂是轻而易举之事？但是，世间的事，往往只要逼，就会出成绩。

前几天，我受一所学校的邀请，给教师们讲“教师的专业成长”，归来感慨万千。做“师者”的老师，其实就是事事行先。在“师者”困惑之前先困惑，在“师者”迷茫之前先迷茫，而后先于他人解困，先于他人清醒，给迷茫者指点，给困惑者牵引。

在这一次讲座中，我给老师们讲“职业规划”时，我大谈“主动精神”或“工作精神”，是教师人格中最重要的品格，是教师能否取得成功最关键的因素，能在很大程度上决定人的命运。讲教学中如何站稳课堂，关键在于备课，一位教师只有富有课程智慧，才可能成为优秀的教师……

还有，为了给教师成功引领，我掏出心窝里的话，与教师交流，“不要说校长的坏话。校长虽没有给我们发工资，但教师的很多发展机会都是校长赐予。特别提醒的是，当你希望有人与你一同说校长的坏话时，你大概已无可救药了……”

我已经明白，做“师者”的老师，注定比他人吃苦，为此我做好了准备。整个过程，就像一年一度的自行车环法大赛，聚焦了世人的目光。在银屏上最耀眼的，最鼓舞人心的，莫过于每一段赛事中的领跑者。不知人们是否记得解说员这样的一句点评：“领跑，或跑在最前面的选手，他所付出的体力比后面的车手要多出三分之一。”

以后，我要把属于我的时间，分成若干份，重新经营。现在，我每天都坚持午休，将一天分成了两个工作日。午休已经达到延长每天第二工作段时间的目的。午休提升了我的工作质量，让我每晚在十二点后仍旧有清晰的头脑，还可读书，还可写作，还可反思今天的教育教学，还可想明天该做的事……

拼命地干，我为的是再也不能执迷不悟。最近十年，我究竟干了一些什么呢？就在那一时段，我学会了投机。我成为教育的另类，在对教育癫狂的爱中，其实并没有搞懂什么才是真正的教育。直到今天我终才搞懂，教育事业是做出来的，不是想出来的。

人世间的事，有时真要想明白，非常不容易。"师者"的老师，堪称"学者"，其实就是做一个真实的人，做一个老实的人。正如老一代教育家陶行知先生说过："千教万教，教人求真；千学万学，学做真人。"我要学做"学者"，就是要学做一个真实的人，学做一位老实的人。

我已经明白有思想就是有思考，有思考就需要真真实实地去做。我已经下定决心，不能一错再错。我必须教人求真。像我经常参与观课评教，以自己理想的评判标准，力求自我思想的独立，留给他人"学者风范"的派头。那种夸夸其谈、大放厥词，现在看来那是多么虚伪，"学者"派头，只是道貌岸然的体现。自己没有实践的经验，没有通过实践验证的经验，怎么能用来去吓唬人呢？

我必须学做真人。事事力求主动地去做，流汗似乎还算不上折磨，更难的还在于逼自己在"师者"的面前，揭自己的短。不容易啊，除了要求自己认真地去做好事事，还得饱受事事亲历失败之痛的折磨，用自己的失败，规劝后来者再不能犯下与我同样的错误。

如，我在昨天的教研活动上，当众宣布自己上周执教的《落花生》是一次失败的公开课。其实，认可了失败，宣布失败，并找出了失败的原因，真可谓是说者容易做起来难的事，说他人容易说自己难的事。失败后，我逼自己必须找到解决的办法，于是再借班教学《落花生》，终于才弄清理性文本的阅读教学预设，注重感性阅读的生成方为良策。一番私下的思想斗争，才让我变得坦然：教学来不得半点想当然，必须真实，心里才踏实。

作为一位乡村教师，也许专家的头衔永远与我无缘，一生不敢自称“学者”，但绝对不会后悔立志学做“学者”的决定。我已经知道，做真实的人，做老实的人，就是要做一位纯粹的教育人，做一个言行一致的人。“学者”，似乎就是这一种精神境界，是我一生的追求。

要做学者先做师者，要做师者先做忍者，要做忍者先做凡人，要做凡人先做让别人相信的人！人生苦短，何来享受？从现在开始学做“学者”，路漫漫其修远兮，我将上下而求索！

“走得太快，灵魂会走丢的”

辽宁省葫芦岛市龙港区西苑小学　陈兴杰

“您具有很强的敬业精神，很讲究工作方法和工作实效，并取得了不俗的业绩，深受老师和学生的好评。家长称您是了不起的‘带头人’。我们愿意永远跟着您走。”（回复——“我更希望你们和我并肩同行。”）

看着年终留言簿上同事的评语，内心涌起一阵感动。角色变化近两个月了，和大家朝夕相处的每一个美好瞬间都珍藏在“私人日志”里。点点滴滴，字字句句，铭刻于心。

那天期末巡考，遇见了 H。她拉着我的手，非要追问我的实际年龄。我笑而不语。

“您在我们心目中太年轻了！我们都很佩服您！”

“和您的同学相比，您升得太快了！”

一语漾起记忆的涟漪。是啊，在一般人眼中，机会垂青的次数是有些太多了——毕业四年后就当了主任，六年后又当了副校长、副书记。因为一次意外的变故，又成了全区最年轻的书记。这样的职位与我的年龄实在不相称。面对众人各样的议论，唯有保持沉默。而今，又因为临时的变动，主持了学校的全面工作。回想所有的经历，一切都在预料之外，有时非个人所想，也非所愿。唯一的感觉是离最初想当好老师的愿望越来越远。因此，第一次遇见看云老师《给我一个班我就心满意足了》，内心除了感佩，更多的是惭愧。《触摸，只因不说爱》的书评也因灵魂的深度碰撞有幸登上了《人民教育》。

看似快节奏的前行，其实从未一帆风顺过。好在，我不是轻易放弃的人。越是艰苦的环境越磨炼人的心智。因为有过失败的惨痛教训，所以对于这次的变动，又引起了大家迥异的争议。对于一些好言“劝慰”，我无言以对。世俗的做法一直远离内心，始终相信一切顺其自然为好。甚至有人曾说：“你的承受力太强了，这样一次次的磨炼如果换成别人不自杀也会脱层皮。”哈哈，听完他的话，我很诧异。自杀？与我毫不搭界。生命，如此美好，怎能轻言放弃？更何况，我从来没把那样的“机会”看得那么重，可能正因如此，对于突然的抉择一直不太“感冒”。事业一度沉没的日子里，浸染书香沉迷文字让灵魂得以洗礼。狭路逢生，我重新找回了自己，开辟了属于自己的另一片天空。即便没有鲜花为伴，但云和云的推动，却唤醒了灵魂。“生命在场”的状态，让思想不断充盈。

自己是怀揣梦想的理想主义者，总想在现实的夹缝中寻求光明，寻求生机。我知晓，对于太优越的机会，如果勉强为之，最后可能会面临更大的“碰壁”。如果能得到他人内心的认同，事业之路也许会顺畅一些。

想想两个月来的工作，自认为一直比较得心应手。试想，如果没有那次跌倒后的慢行反思，现在也不会适应得这么快。内心始终把每次信任当作学习和历练，试图用理性、专业、清晰的行为和声音，去处理、协调所有的事情。把教育当作事业，“用整个身心去工作”是坚守事业信念不变的情愫。于是，更相信“体验就是财富”。

今天一大早，忽然想起一句话：“走得太快，灵魂会走丢的。”细细咀嚼，觉得很有味道。行走于人生路上，如果每个人都能时刻提醒自己“蓄积灵魂”，我们的生命就不会遗失在世俗的风烟里。即便终至无痕，也会无憾。

凡人的读书乐

山东省胶州市实验小学　刘炳艳

与书结缘大约是小学时代的事情了。在 20 世纪 70 年代的贫穷小山村里，人们的精神生活与物质生活同样匮乏。我记忆中的童年趣事，除了像男孩子一样下河捞鱼、找螃蟹，就是上山摘枣、捉蚂蚱，没有妙趣横生的动画片，更没有美丽动人的童话故事。上到四年级的父亲就算得上当时村里的文化人，经常即兴编上几句顺口溜，哄我们这些小娃娃玩。现在想来，也是我阅读意识的启蒙老师了。

上小学后，认识了不少字，读书的念头强烈萌动，于是翻箱倒柜找出父亲为数不多的几本藏书，记得有《杨家将》、《呼家将》、《五鼠闹东京》等。那些文字中跳跃出来的人物栩栩如生，有忠肝义胆的大英雄，也有奸诈狡猾的谗佞之臣，是历史的重现，是人性善恶的张扬。那时虽然懵懂，却依旧看得热血沸腾、心潮澎湃。自此，对书籍的向往与日俱增。

慢慢长大，杂七杂八读了不少书，如金庸的武侠、琼瑶的言情。本来纯属消遣，打发一些闲散的时光而已。看来看去，竟也有了一点收获。其中之一便是对古诗词产生的深深迷恋。到如今我仍固执地认为，作者笔下那些平凡的爱情故事之所以刻骨铭心，惊天地泣鬼神，全是因为恰到好处地引用了古人那些精致婉约的景物或心理描写。如琼瑶在爱情小说中的引用范仲淹的“碧云天，黄叶地，秋色连波，波上寒烟翠”、张先的“天不老，情难绝，心似双丝网，中有千千结”，无不令作品熠熠生辉。或许也有当作家的野心，有个阶段我如痴如狂地穿梭在宋代的婉约派与豪放派词作之间，背了个昏天暗地。感受完柳永的狂放不羁、率真明朗，又追逐苏轼的雄放凝重、豪迈开朗；还有姜夔的清幽峭拔，陆游的沉郁悲壮，李清照的清新自然、优美精巧……正如《人生若只如初见》的作者安意如所说“邂逅一首好词，如同在春之暮野，邂逅一个人，眼波流转，微笑蔓延，黯然心动。”读书之乐非读书人不能解也。

唐诗宋词大约就是我古文学入门的启蒙教材了。借了这股子冲动，我又囫囵吞枣般读了《诗经》、《论语别裁》、《庄子》、《老子》等国学典籍。虽爱读书，却不求甚解，每有会意，虽不至于像五柳先生那般欣然忘食，也总能享受一番旁人无法体会的豁然开朗。

结婚生子以后，或因工作忙碌，为生计奔波，或是照顾老小，耽于繁尘琐碎，似以往大段大段清净的读书时间竟再也无从寻觅。读书之乐自然无法割舍，唯有睡前饭后，争分夺秒地将手头书本做快速浏览，少了许多读书的从容闲适，未尝不是一种遗憾。但意外收获还是有的，儿子耳濡目染，也早早与书结下了不解之缘。从两岁时的亲子共读，到三岁半基本独立阅读，培养儿子良好读书习惯的同时，也为我赢得了更多的读书时间。

开卷有益。然而随性地阅读，毕竟不如有目标地阅读来的有效。在浩瀚的书海中，人人都需要一双慧眼去选择。比如我，作为老师，定期阅读相关的教学刊物，了解教育的新思想新动向是必要的；作为妈妈，经常关注育儿知识是责无旁贷的；作为自由的个体，我不仅喜欢村上春树、米兰·昆德拉、麦卡勒斯，喜欢他们那不但可以为我们心底许多无法言说的感情命名，更能清楚地映照出我们人类本性的孤独的精辟的语言文字。我还喜欢希斯内罗丝作品的简单纯净，如一首美妙轻灵却思想深刻的诗歌，为你开启一扇放飞梦想的窗户。要说文采飞扬、荡气回肠的震撼性作品，却不能不提到胡赛尼《追风筝的人》……

其实，什么书算作好书？没有人能够下一个绝对的定义，列一个准确的书目更是荒谬。在我看，在合适的时间，遇到合适的内容，可以帮助你解答困惑、澄明思想、指引生活、丰富见识，能够给你带来快乐的文学享受，这就足够了。

凡人终日碌碌，多是被浮华喧嚣扰乱了心智。

是什么让我选择并坚持做教师

福州市实验小学　薛　莲

当年是因为北京师范大学不收学费，高考时我才填报了师范志愿，因为我想高中毕业后就能自食其力。在师范院校读书三年多，其实我一直没有坚定自己的职业选择，我不想当教师。之所以后来选择做一名教师，完全是因为毕业前实习时，一个学生对我说的一句话。曾经有一个孩子扑扇着大眼睛，仰头看着我，问：“如果我考到90分，你就不走了，是么?”那样纯洁的眼神和追问，让我选择了教师这一职业，让我坚定不移地走了下来。

大四那年，我们被安排去石家庄市一所城乡结合部的学校实习。在北京学习期间，我见惯了大城市学校的豪华和气派，见惯了学生衣着的光鲜和谈吐的不凡，当面对这所学校的破破烂烂和学生有些灰尘的脸时，我的心颇为辛酸，因为我曾经就读的小学比这还要差很多。所以，我特别希望，我能给我的学生带去勇气、信心，能够让他们像我一样，通过学业这条路走出“破破烂烂”的环境。

班上我特别关注一个孩子，看他的衣着，应该家庭经济条件比班上的其他学生差很多。他表现得不太合群。他不爱学数学，数学成绩总是不及格。作为实习班主任，我常常在自习课上踱到班上去。对他我特别留意，常常走着走着就走到他身边去了。第一次走到他身边的时候，他正在拿着一本很旧的《童话大王》在看。看到我过去，下意识地把书塞到书桌里。我按住他的手，笑着说："作为学习的一种放松，你想看就看吧。没关系。"他感激地看我，脸有点红。

课间操的时候，我到班上去看，想提醒大家都去出操。我发现他正在教室没有去上操，还在看那本《童话大王》。我关切地问："是不是病了，怎么没去上操。"他低下了头，不好意思地说："我的膝盖有些痛。"我连忙走上前去，问怎么弄的，要不要我帮他揉搓一下，他躲闪起来，连声说："不用，不用，我就去上操。"就跑了出去。我发现其实他的膝盖其实一点问题都没有。他跑到教室门口还回头看了我一眼，吐了一下舌头。

又是一个自习课，看到他又在看《童话大王》。我发现他很多自习课都在看《童话大王》，而且一直都是那破旧的一本。真不明白，他都在看什么。可能由于我的默许，有时候他能津津有味地看一节课。我意识到我的"宽容"对他也许并没有益处，一次自习课，我走到他身边，和他说："看课外书是一种很好的习惯，不过说起来还是要在正常的学习任务完成之后才看得安心啊。"他合上书，点点头。我又问他："上次班会课上，我让大家给自己定下期中考试的分数目标，你定的是多少？"他低着头说："数学我定的是90分。"我一愣，下意识地问："能达到么？"他扑扇着大眼睛，仰头看着我，问："如果我考到90分，你就不走了，是么？"我如遭雷击，愣在当场。班上的孩子也都停下手中的笔望过来。我不知道怎么说，过了好一会儿，我才说："作为实习老师，我可能不会一直留下来陪你们，但是我会一直关注你们的。"他满怀期待的眼神有些黯淡下去，低头整理课本。我的心一下一下地痛。

我从来没有这样奢望过，在我的人生里，能有一个相识不久的人给我这样的期待、期盼和依恋。瞬间我觉得，做一个教师，真好，真伟大。

实习过后，我没有去我已经联系好的那家单位实习，而是坚定地选择了学校。我没能如他所愿，留在那所城乡结合部的学校。说起来，心里有些愧疚。后来，我成为了正式的教师。繁冗的工作让我常常心生厌倦，每当这时，我就会想起他说过的那句话："如果我考到90分，你就不走了，是么?"是这句话让我无论多么辛苦和厌烦，还能保持对孩子的爱和热情，我不能辜负孩子对我的信赖和期盼！

博观而约取，厚积而薄发

江苏省淮安市北京路小学　唐天池

"唐老师，你为什么总是能提出许多切实可行的新想法?"每次参加完市信息技术学科教研活动后，总有老师这样问我。而我的回答都是一样："要多从其他学科中借鉴，并带到自己的课堂中进行实践。"

虽然年轻的我，集多项荣誉于一身，还有多篇论文见诸报端，但熟悉我的朋友都知道这些荣誉的取得并不是一帆风顺的，甚至有人曾经断言我做教师做不长。朋友们了解，学生时代的我一直把教师职业当做当初中考失利后不得已的选择，为此我浑浑噩噩地度过了五年的师范生活。毕业后，凭借出色的计算机操作水平，我幸运地被急需信息技术教师的单位相中，稀里糊涂地成了一名小学教师。

工作后，第一次看到小学信息技术教材时，我开心地笑了——从没想到当教师竟能如此轻松，教材中的内容对于我而言简直是"小菜一碟"。就在我自以为现有的水平对付小学的课程肯定绰绰有余的时候，第一次上课却被无情地泼了一盆冷水。教材中第一课的内容是《计算机的历史与未来》，由于自己过于自信，又对课程教材教法没有任何研究，站在讲台上的我几乎是照本宣科地读了一节课，太多的名词术语与遥远的史实让三年级的学生在教室里不断“制造事端”，而我所能采取的只是一些强制的手段！几遍同样的课上完（由于专业的特殊，我一节课要上好多遍），我愈发讨厌学生，也愈发讨厌上课。当时正好学校有关电脑方面的事情多，而我又是学校唯一的信息专业教师，我便“顺理成章”地经常以加班做事为借口逃避上课，甚至产生了“只需要把学校安排的事情做好就可以了，至于教学反倒在其次”的想法！

然而就在学期快结束的时候，我为自己的疏忽与放任付出了“代价”，同时也激发了我的第一次成长。那是市教研室专门召开的各门学科的期末总结工作会议，我作为当时市里为数不多的信息科班毕业生被要求在会上总结汇报我校的信息技术教学工作。接到通知时，我傻眼了：一学期以来我基本上啥都没有研究。但任务不能不完成，为了投机取巧，我直接向其他学科的老师讨教如何进行总结，然后凭借自己的大脑想当然地创造出一些内容。结果，在最后的汇报交流中我笑料迭出，对比别人的材料我才发现自己不仅完全颠倒了这门学科的培养目标，甚至分不清素养与技术谁更重要。只满足于教会学生简单的电脑操作，对学生信息素养的培养是一片空白……当时的我羞得恨不得找个地缝钻进去！教研员老师可能看出了我的尴尬，在会议的最后还是刻意地肯定了我的一些做法，并热心地向我推荐了《信息技术教育》、《信息技术教学与课程整合》、《中小学信息技术教育》等书籍和杂志。

带着挥之不去的尴尬，我利用一个寒假时间翻阅了这些专业书，没有想到竟然完全改变了我对课程原有的许多看法，从教学内容到教学设计，从评价方法到能力培养，从操作技能到提升素养……我忽然发现上学期的自己是在误人子弟。

第二学期开始后，我不断地用寒假时学到的知识结合教材反复推敲教学设计，精心设置教学环节，变追求“技术教学”为重视“素养提升”，加强对学生作品的评价与反馈，给不同水平层次的学生提出不同的学习目标……慢慢地，我的课堂不再枯燥，学生也比以前更有学习的兴趣，与我的距离也越来越近，这让我高兴不已！然而，就在我沉浸在每一次成长带来的幸福中的时候，又被泼了一盆冷水。

学校第三届“青春杯”赛课，我自信满满地上完一节自认为高质量的课，竟然被评为三等奖。我不理解，甚至很生气。我找到了分管校长倾诉我的疑惑，他语重心长地劝我并客观指出我的一些问题：“在所有比赛选手中，你这一节课不仅不出色，而且在许多环节上都有问题，你应该多读些教育改革理论方面的著作！你的设计及教学过程与新课程改革的理念相违背。新课程注重学生自主学习能力的培养，而你几乎是整堂课都领着学生东奔西走；新课程要求教师根据实际情况处理教材，而你完全是依赖教材，生搬硬套……”后面的话我一句也没听进去，因为我不相信自己真的像校长所说的那样。周六周日两天，我把自己关在房间里几乎没吃没喝，反复回忆自己的课堂教学，得出一个结论——肯定有人在故意“整”我！我想到了一个很好的方法来揭开真相——去他们的课堂一探究竟。于是，接下来我便利用学校的“教学演练场”挨个“走访”跟我同台竞技的对手。他们发现我去听语文或数学课时都很惊讶，甚至有人认为我是想转学科，谁都不会想到我竟是为了一个“三等奖”而去现场“取证”。几节不同学科的课听下来后，我的记录本上密密麻麻地写着他们上课的不足，内心更加坚定自己当初的判断。

一次正当我在听课中潜心搜集“证据”的时候，分管校长走来递给我一本书——斯摩尔的《心态决定成败》。当时我并没有在意，半个月后我开始翻看这本书，随着页码的增加我的内心越来越不安——为自己的所作所为而感到不安。“积极的心态是成功的必备素质”，而自己呢？正在用消极的心态做着“灰暗”的事情……我开始隐隐觉得这本书的出现不是一个偶然。果然，当我看到最后一页时，一张纸片轻轻滑落，是分管校长的笔迹，“相信聪明的你看完后定会有所收获！换一种眼光看世界，你一定可以发现不同的美！祝读书愉快！”当时我的脸一下子红到了脖子根，随即拿出自己前面精心收集的“证据”付之一炬。校长是怎么知道我的事情我没有追问，我认为也没有追问的必要。再三思考后我决定继续去听课，不过这时的我开始学着用积极的心态静下心来欣赏他们的教学，这才发现真正的事实并非自己此前所坚信的那样，在他们的课堂面前，自己的不足显得太多：上课的语言缺乏张力，情境的创设牵强附会，课堂导入生硬而缺少童趣，等等。

慢慢地，各科老师别出心裁的情境创设、风趣幽默的课堂语言以及语文老师抑扬顿挫的说话风格，数学老师环环相扣、丝丝入理的推理论证过程，英语老师独具匠心设计的课堂游戏，音乐老师的多才多艺都让我为之着迷……看得多了，听得多了，不知不觉地我也开始在自己的课堂中套用其他学科的教学方法：今天我把教材变成学生实际生活中遇到的难题，明天把教材改编成游戏让学生自主探索、主动参与……每一次改变都让我有一种“浴火重生”的感觉，新的收获促使我对小学信息技术教学有了新的理解。与此同时，我精心整理的《小学信息技术课堂教学探微》一文发表在教育类核心期刊《中国电化教育》上。拿到样刊与稿费的那一刻，我兴奋地去向分管校长汇报。听完了我上气不接下气的报喜后，他意味深长地说：“记住，做老师要‘博观而约取，厚积而薄发’！”

此后，我便开始了“博观”各个学科的历程，除了常规的听课以外，我还会参加他们的备课、教研活动。就连为学科老师制作课件时，我也一改以前那个任人“摆布”的技术工形象，结合他们的教学设计不时提出一些自己的想法，经常会为一个环节的安排而争论。慢慢地，我学会了系统思考、精雕细琢自己的课堂教学。第二年的教学演练场中，我执教《有趣的变化》一课得到了领导、老师的一致认可，也因此而荣获校第四届“青春杯”赛课一等奖。

2004年，我作为技术辅助人员随同一位语文老师参加一次比赛，其间有幸聆听了于永正老师执教《林冲棒打洪教头》一课，深深折服于他用几个字便串联起整篇课文的教学，不仅让学生深刻理解了文章主旨，而且还带领学生透过文字感受作者“字斟句酌”的良苦用心——后来我知道这就是“文本解读”。一次偶然的机会，我发现在自己的学科中也有许多名词等待“解读”，于是我便依托教材在自己的课堂中尝试“文本解读”，把抽象的名词“网络”化成一个个串联起来的听筒模型，让学生亲手制作不同的网络结构，把“计算机”模拟成一个十足的机器人，带领学生“走进去”探索什么是CPU，什么是存储器……经过一段时间的实践，我于同年的全市信息技术教学总结会上提出了“‘文本解读’提升学生信息素养”这一理念，赢得了所有与会老师的掌声，并得以在更大的范围内推广。

慢慢地，我开始尝到了这种“博观”与“厚积”的甜头。便全面加强对各种文化的涉猎，从孔孟之道到现代教育，从《文心雕龙》到老庄哲学，从中国传统读本到西方近现代文化，从《计算机系统结构》到每一个软件的使用，从“语数外”到“音体美”……我都把它们看成是自己成长的元素，不断取来夯实承载自己踏实前行的教育之路。两年多的时间，我先后学习了魏书生老师如何与学生相处，如何引导学生快乐学习的方法；观摩了李镇西老师课堂上那份挥洒自如的从容，那些灵光一闪的机智和幽默；感受了李吉林老师别具匠心、精彩纷呈的情境创设；体会了张齐华老师“数学文化”的博大与深厚；聆听了王艳芳老师《飘着花香的琴弦》演奏出的动人旋律；旁观了魏勇老师如何《用思想点燃课堂》……也正是因为有了这么厚重的积淀，我的教育生涯慢慢迎来了花满枝头的春天……

现在，每当我走进其他学科的课堂时，就会有同事打趣：“又来

‘取经’啊?”我总是报以微微一笑，然后选择一个位置轻轻地坐下，静静地聆听与欣赏。教育界有一句名言：“要给别人一杯水，自己就应该有一桶水。”我想这“一桶水”不仅需要专业的深度，更需要外在的广度。因为教育的原理是相通的，真正的教育应该没有学科界限的。“三人行，必有我师”，成长的道路上我们要学会借鉴，学会“拿来”，学会辩证使用与区别对待，千万别浪费了同行人的智慧。回顾自己的成长过程，恰如一座金字塔的不断累加，也因此，我更加坚信：只有更坚实的基础才能把自己送往更高的天空！

路漫漫其修远兮，我将继续沿着自己的成长方式上下求索！

“爱”该有几副面孔

安徽省凤阳师范学校　陈立武

近代教育家夏丏尊说过：“教育之没有情感，没有爱，如同池塘里没有水；没有水就不称其为池塘，没有爱就没有教育。”可见，爱学生是教师的职业之本。然而，不懂师爱内涵，爱也会变味，有时甚至起反作用。那么，师爱，到底该有几副面孔呢?

爱是严慈相济

出于教书育人的需要，师爱不该是溺爱而应是严爱。但她需要严慈相济——既有母爱的纯真、慈祥、热烈，又有父爱的深沉、庄严、厚重。表现为态度上的和蔼、友善、严肃，行动上的关怀、引导、帮助。

严格要求是教师高度责任感的体现，严就是爱。当然，应该严而得当，严中有慈。笔者认为，严爱必须做到以下四个方面：一是严而有“格”，应该按照学校规章制度、日常行为规范以及好学生标准来要求学生；二是严而有“度”，要根据学生的心理和生理特点，合理要求，恰当处理，不能侮辱学生的人格，侵犯其身体，伤害其心灵；三是严而有“恒”，要依据教育的复杂性和艰巨性，持之以恒，坚持不懈；四是严而有“方”，即讲究方法和艺术，刚柔并用，寓刚于柔。

爱是客观公正

教师对学生的爱，不是个人情感，而是职业情感。因此，师爱不是偏爱，而是泛爱，是面向全体学生的公正、无私的爱。学生有不同的成长环境、个性心理乃至容貌、气质，出现在教师面前的形象必然不同；学生家长的身份、职业、社会地位也各不相同。教师不能随个人的喜好、利益、得失去选择，而应一碗水端平，公平对待每个学生，不凭考试成绩等对学生厚此薄彼，不放弃一个学生，否则就不是真正的师爱。也不因学生家长的职业地位的不同而另眼相待。大教育家孔子提出的“有教无类”，陶行知先生倡导的“爱满天下”，都是在强调师爱的公平性。

爱是尊重信任

尊重就是把学生当作一个独立的个体，承认个体差异，允许犯错误，不把自己的观点强加给学生。信任就是推心置腹，以诚相待，充分相信学生。当学生感到教师对他们尊重和信任时，他们会涌起一种喜悦和自豪感，对教师产生强烈的信任和依赖，能够促进师生关系和谐，增强教育效果。不论是对于品行端正、学业上进的学生，还是对于那些犯过错误、成绩不好的学生，给予他们尊重和信任，才算是真正的师爱。教师还必须全面了解学生——了解学生是热爱学生的起点，是尊重学生、对学生进行有效教育的前提。俄国教育家乌申斯基认为：“如果教育家要从多方面来培养人，那么他首先应该在多方面了解学生。”显然，没有了解的爱是盲目的爱，没有了解的教育是无的放矢的教育。

爱是欣赏赞美

爱是发自内心的欣赏和赞美。“好孩子是表扬出来的”，这已是教育界的公论。在教育大家们的眼里，没有所谓的“坏孩子”，在他们看来，所有孩子都是“横看成岭侧成峰，远近高低各不同”的。他们能以无比快乐的心理去欣赏孩子，赞美孩子。学会欣赏学生，能够发现他们的特点和长处，发现学生身上甚至连其父母都不曾发现的好根芽，通过口泽心润，让每个孩子都树立自信，健康成长。学会欣赏，要跳出眼前，着眼发展，以旁观者的心态理性审视孩子的天真烂漫、活泼可爱。鼓励是良药，教师的激励和赞美就是在给孩子以精神的按摩和抚慰。他们必定会再接再厉、勇攀高峰的。

爱是包容等待

爱是一种过程，是人们发现事物的美，容忍其缺点，使其逐渐完美的过程。法国社会主义理论家欧文说过：“教师对学生的温和态度，甚至比他们的学问和修养更为重要。”夸美纽斯主张在“和蔼可亲和愉快的气氛中喝下科学的饮料”。……孩子是成长中的个体，出现毛病、错误在所难免，教师在教育教学过程中，需要宽容，需要大度，需要耐心，需要等待，要“给花开的时间”。要记住：钢是炼出来的，不是恨出来的！我们不可因爱生恨，绝不能急躁冒进。

微笑中包含着一切，更能拉近一切。教师的微笑能打开学生的心扉，和学生心灵相通。不要吝惜我们的微笑，也许，教师那不经意间的微笑，就能改变一切。

爱是距离和谐

爱，需要距离而不可无隙。教育中“零距离”接触的提法并不科学。由于距离过近而导致很多孩子不愿意听家长的话而愿意听教师的话，已经充分证明了这一点。

人与人需要保持一定的距离，每个人都需要一个感到自由、放松的空间。教师的教育行为即便是出于爱和善意，也要给学生一点心灵空间，要充分考虑到学生的自尊，不要擅自闯入学生的精神领地。如果不注意把握爱的“距离”，即便意图是好的，也很难有好的教育效果；因为距离没了，学生很容易不把老师当回事，同样会失去应有的教育效应。距离远了固然不好，零距离也不值得提倡，只有保持合适的距离，才能有和谐的教育效果。

总之，我们既要“把整个心灵献给孩子们”（苏霍姆林斯基），也要注意把握爱的分寸、尺度，掌握爱的技巧、艺术，懂得爱的基本“元素”，使学生在师爱的阳光下茁壮成长。

跨越“名师”那道坎

浙江省龙游县第二高级中学　谭学武

时下，“名师”送教的活动多起来了，这在一定程度上给乡下学校带来了希望与教改的食粮，许多名师的课让我们这些普通学校的师生们大开眼界，如沐春风。

但近日听了两节送教下乡的课，感觉却没有那么强烈了，一节是某名校名师的课——《中东问题的由来》；一节是某名师名徒的课

——《古代中国的农业经济》。在名师的课上，中东战火激不起学生们的兴趣，课堂一片沉闷；在名徒的课上，课件内容都放不出来，该老师自我解嘲说：课件做好后没有试过，那堂课也因此频频冷场，最终草草收场。

慕名前来听课，却没有想象中的精彩！这让我这个普通教师感想颇多，名校名师名徒，在课堂上却没有上出“名师”的风采。按理说，“金无足赤，人无完人”，课堂上出现种种意外也不必大惊小怪，谁的课堂没有差错呢？况且我们都知道，新课程的课堂不是那么好“摆弄”的。但是，作为名师送教下乡的课却有点让人费解。他们本应具有适时改变并驾驭课堂的“过人”能力，那小小内容小小场面却为何卡壳如此严重？

我想其中的原因可能有：名师们准备不充分，直接导致了课堂质量大打折扣，关于这一点，课堂可以明鉴，但为什么准备不充分？是名师们自己的问题还是有其他的原因？如果说是自己没有去认真准备，凭着头上的那顶“帽子”与“空头自信”来送教，恐怕有敷衍塞责之嫌，那该好好思过才是；另外就是，换了学生，换了环境，名师们不适应，在教法上仍固守旧法，没有灵活变通，那名师们就应该在因材施教上下一番苦功……

我是名师，我有何求？我是名师，我有什么不能对付？可能正是这种惰性思想与轻视心理，让我们某些名师头上的光环不再亮泽，甚至变得平庸。跨越名师那道坎，就要求名师不要头顶“名冠”而放松自己。

看过一篇文章叫《送课，要“下乡”也要“进城”》，觉得送课“进城”很有道理，凡人虽“凡”，但修炼也能成“仙”，况且多数名师都是从凡人走过来的，听听我们农村有些优秀教师“土生土长”的课，那才叫“过瘾”呢！在教改的路上，不一定站得高就一定看得远、做得好。只有甘当“小学生”，从实践中来再到实践中去，不断地“修为”，才能达到“大师”的境界，名师之“名”也才能名副其实。

事实上，名师面临着“两头”处境。这一头是技艺高超、人才辈出的名师群，跨过去，你就是名师中的佼佼者，是时代的弄潮儿，否则，即使是名师，你也可能沦落成为普普通通的一员，没有什么光彩照人的地方。那一头则连着普通教师，连着千军万马，我们有理由停下来欣赏风景吗？作为名师，要树立“我在名师那头”的思想，向“名师”行进，让名师的路越走越宽；当然已在名师的这头，也不可大意而为，有名师精英们正在挑战，不进则退，自己要有危机意识。所以，无论你在名师的哪一头，你都必须跨过那道坎！

对普通教师来说，虽然我们还不是名师，但亦要有跨过名师那道坎的决心与勇气，要知道，任何成就不是天生就属于你的，不埋怨，不悲伤，不气馁，胸怀大志，敢试敢闯，那我们离名师的距离就不会太远了！

名师送教，应该弄清送教的目的与意义，如果只是为了出来走走转转，大可不必“冠名”送教，因为送教不是那么好送的，现在哪个学校没有几个比较优秀的大学生，没有几位知名有经验的老教师？虽然他们可能还不是名师，但送教是“送”还是“混”当一目了然，想遮想掩蒙混过关也不是一件容易的事！

名师的光环不会永远亮泽，作为名师，在内心里就要做好“跨越名师那道坎”的思想准备，在新课改的当口，更要老老实实做学问，真真切切搞科研，踏踏实实立潮头！

跨越“名师”那道坎，是我们教师必须也是应该做到的，只有这样，从教人生才会更亮丽，更精彩！

那一刻，我感动了

江苏省吴江经济开发区实验初级中学　李彦儒

这是二十五年前的事了。

那时，我在上村小，因在家中排行第二，长得有点虎头虎脑，村里的人给我起了个绰号，叫“二虎”。名字好听，可学习上是个“病猫”。记忆中，自己上小学的时候，学习成绩在相当长的时间里一直不好：语文考试从没及格过，数学成绩几乎没突破过四十分，可调皮捣蛋是很有名的。

当时的学习条件是很艰苦的，我们在村里的两间空房子里学习。每天上学时，同学们各自从家里带一个矮凳，然后就坐在统一配置的简易书桌前学习；从事教学的老师是村上安排的，也就是由读过初中、高中且体质不适合从事重体力活的年轻人担任。我们的学习在几年时间里几乎是同一模式：早上来校，坐在教室里朗读语文课文，然后上两节课，分别是语文课和数学课。饭后，我们来校上自修，老师们是不经常来的，但一来往往能抓住我们几个调皮的同学，大多是因为随便讲话，自然是被教训一通。接下来，一节课上毛笔字练习，一节课用来抄写语文生字、生词。最后一节课，蹲在校园的操场上，拿一支干电池中间那根石墨棒当笔，再自选一片空地，然后就在地上练习写字或做数学计算题了。蹲得久了，腿好酸，站起来伸一下腰，老师马上会喝止。今天看起来那无异于体罚。

这样的学习环境与教学方法，使我对学习很反感，时常反其道而行之，回家后就被得知情况的父母痛打一顿，于是越发不想学习了。在整个小学时期，我只有在放学后回家的路上才是快乐的，一到家门口，我就忧心忡忡起来。因为害怕母亲问起学校的事情或邻居家的孩子告状，以至于后来很长的时间里，母亲时常说起我在离家老远的地方走路时蹦蹦跳跳，但到了家门口就像生病似的。

直到 1982 年的春天这种情形才发生了转折。记得那是一个早晨，天灰蒙蒙的，刚下课不久，班长就气喘吁吁地告诉我们，来了一位新的语文老师，是大学毕业的（后来得知是读了两年中等师范）。听到消息，同学们欢呼雀跃，兴奋不已，我也不例外，希望老师讲课生动点，不再打我就行。上课了，他一身笔挺的蓝色中山装，清爽的小平头，引得我们不由自主地认真打量起他来。正在这时，忽然听到叫我的名字（那时候师生基本上都住在同一个村子上，学生也不多，彼此都认识），听到喊声后，我毫不迟疑地站起来，只听到他在说，“个头这么小，坐后面怎能看得见黑板呢？现在，直接坐到第二排的同学前面，其余的同学依次向后移。”刚开始我还有点发愣，很快就明白了，我的座位要换到前面去呀。于是想也没多想，就往外走，但那时条件有限，每排的课桌是连在一起的，边上的同学根本就没有起来让我走的意思。我狼狈地在众目睽睽之下，连续爬越了三排课桌，在同学们的目瞪口呆中坐到指定的位置。因为我太渴望前面的座位了，但看着同学们吃惊的面孔，我知道肯定大祸临头了，按惯例我免不了被老师狠狠地教训一顿。正当我为刚才的冲动后悔不已时，更让全班同学吃惊的事情发生了，这位老师竟当着全班同学的面说：“这位同学很会节省我们的上课时间，下面进入课文内容的学习……”

这一节课，是我上学以来听得最认真的一节课，我感到老师的声音如此悦耳，课文内容那么的沁人心脾。很快，我就听到下课的铃声了。后来他找我谈话时，我很认真地听着他说的每一个字，回味着他说的每一句话。半年过后，我的成绩直线上升，到第二年第一学期的期中考试结束时，我已各门功课稳居班级第一了。毕业后我拿着乡级中学的录取通知书和他告别时，我满眼泪水，他摸着我的头说：“你没有辜负我，好好深造去吧。”

前几日，老家来电说，这位小学老师去世了。我的泪水止不住地涌出，当天晚上，我彻夜未眠。

周君离开的日子

安徽省枞阳县铁铜中心学校　鲁　赤

周君名宽，是我校年轻有为的教师，今年刚二十七岁。我与周君二百年前或许是一家人，也正因如此，每每在工作中遇到什么急难之事，或者增加课时，加班加点等别人不太情愿的事情时，我首先想到的就是他。他总是无法推却，因为，我常挂在嘴上的一句话便是:“谁让我们二百年前是一家呢!”

可就是这么一位“好说话”的周君，却高飞上海，离我而去已经整整四十天了。

他是经过一年艰苦的学习，考上华东师范大学研究生的。

昨天，办公室里的一台电脑出了情况，想起周君临行前给我画的图示，我便按图索骥，输入“GHOST”，再一阵子“OK”也没能让系统“OK”。你说怪不怪，周君在时，我曾预演过几次都成功了，周君刚走，我却怎么也不行。只可惜了我刚写完的一篇论文还存在电脑里，连草稿也没能留下。很想给远在上海的周君打电话，让他再遥控指挥一次，可一想到此时他或许正坐在课堂上随教授云里雾里地去了“流淌着牛奶和蜜”的约旦河谷，我的心终不忍。想起周君这几年无数次地遥控我的电脑，心里又有一种莫名的冲动，矛盾呀。记忆中，我多次的“笨得不行”，他便忍无可忍地“跨江过岭”风风火火地来到我家，一进门便直奔电脑房，拽起我，三下五除二地“切切”，清病毒，除木马，马上就“OK”。上次我的电脑被熊猫点了香，他“格”它没商量，直至灰鸽子飞来，他竟能撵它又飞走。

真是不佩服不行啊。更牛的是他五笔每分钟能敲一百多字，难怪他暑假面试时，他的导师如同“天上掉下个林妹妹”，让他暑期立即来校“不要回去了！”可他说：“我毕竟是教师，学校有我未移交的工作，还有我的学生在等着我，我怎么的也应该向他们告别一声。”他就是这么有情有义，为人实在。临走，他来不及向即将开学的学生们告别，便写了一封情深意切的告别信，读之让人感泪涟涟。

周君离开的日子不好过，往事历历，心有萋萋。我或许懂得周君的情怀。我虽为他的“领导”，也是他的诤友。我心直口快，对他的弱点也决不袒护，有时免不了有强词夺理之嫌，可他从来不与我争辩，总是用他特有的眼神告诉我他已领受。他与我同床共枕无数个不眠之夜，最可恨他把臭袜子总是藏着掖着，怕我熏倒。我总是在他入睡时从他的床头底下嗅出，逼他承诺“下不为例”。大凡有伟人天象的人不太注重小节，周君也从不注意衣着打扮，每每出远门我都要检查他一番，让他风度翩翩起来。于是，他每逢出远门便置一套“行头”，人是焕然一新了，只是我心疼他口袋里的钱。有一次上街路遇我，他向我借三百元钱，说是买书报，我给了他，并让他中午到我家吃饭，他答应了。可等到下午一点了，他还音讯皆无。我知道他的两千多元的新手机刚丢了，便出去寻他，稍不留意哪里寻得到？只见他一身迷彩，头戴钢盔，胸前挂着一架望远镜，活脱脱一位野战军战士，吓了我一大跳！而且这些竟是用我借他的钱买的。此时，他正在一家书店里入迷地看着书，把吃饭给忘了。我拽起他，他如梦初醒，乖乖地跟在我的后面往回走，中途，他竟又花了几十元钱为我女儿买了一束鲜花，这是第一次有人为我十岁的女儿买鲜花。

他就是这么另类、时尚、新潮，直到今天，我都为那天批评他的话而内疚，我说：“花那钱倒不如买两个卤菜咱俩吃个实惠！”

近三年来，我们学校已有五人考取了研究生。武大的张君现已分配到了南宁市的国资委，东北师大的陈君实习时就有月薪七八千元的工作在等他，也难怪，他学的是信息安全，还有余君，今年就是周君和陶君，明年呢？我不知道，但只要是积极要求上进的，我都能在职责范围之内网开一面。唯一令我抱歉的只有周君，虽说“二百年前是一家”，我却没有半点照顾他，他在我校教授的课程是最多的，一人顶两人甚至三个人的工作量，以致他离开时学校几乎瘫痪了一星期。说实话，他对于我的这一安排也是有怨言的，可他从来不在公开场合发牢骚。他和我说过他准备考研的事，我除了很为他的英语担心外，竟无能为力。我知道他当年的英语底子不太扎实，不仅是我，几乎所有的朋友都为他的英语捏把汗，可他勇往直前，刻苦勤奋，上厕所也带单词本，终于取得七十六分的高分，连英语专业的同道之人也刮目相看。他很热爱历史专业，他上初中历史课简直是大材小用。我曾听过他上的历史课，他讲李鸿章能延伸到当今的学术前沿，似乎大有为李大人翻案的架势。我曾理性地对他说：“你的观点我喜欢，但太新潮，与教科书上的观点不太一致，学生中考要出纰漏的。”他狡猾地笑道：“总有一天，教科书会改变的。”没办法，我只能听之任之，因为，我时常感觉良好地把自己当作蔡元培，好在每年中考他班的历史成绩还是那么出类拔萃。

现在，他终于走进了我国著名的教师的摇篮——华东师大，将来，他或许真的给比他大不了几岁的大学生们神侃李鸿章亦或以色列、十字军东征……在此，我衷心地祝愿他事业有成！

周君离开的日子不好受，也很寂寞，寂寞之余，我常找他父亲聊天，从他父亲的嘴里我又知道周君临走时还欠同事几千元的债。他的收入我是明了的，一年怎么算也有一万六千多元，只是他五年换了三台电脑，还购有高档的数码相机、摄像机、扫描仪、打印机等，仅藏书就不下万元，加上他向来“吃亏是福”，与人交往常常无偿“献血”，曾“赔”我一只U盘，连学生都以拥有他的MP3为荣，他还美其名曰：这是让他们学外语。

唉，周君离开的日子不好过，可没有周君的日子也便这么过。

周君毕竟不可能与我共度一生，我们能在一起生活、工作了七年也是我佛赐缘。此时此刻，我唯有乞愿我佛再赐一位如花似玉的小龙女给亲爱的周君，与他百年好合，我也将为有这样的一位弟媳而倍感三生有幸。

差点忘了，我的鲁赤笔名还是周君所起，每每见到我的笔名出现在一些报缝刊尾，便平添了一种温暖与感动。

亲爱的周君，千言万语汇成一句话：老哥谢谢你！

给帮助一双隐形的“翅膀”

山东省威海市经济区蒿泊小学　丛红菊

博友推荐给我一本王晓春老师写的《教育智慧从哪里来》。读着书中的一个个鲜活的案例，及王晓春老师的精辟点评，收获很大。让我感触最深的是书中这样一个案例：不爱整洁的牛牛很让方老师头疼，午餐后的他，胸前总是有一幅“现代抽象画”。面对这样一个谈过几次都没有明显的进展的学生，方老师并没有放弃努力，而是在某个午后亲切地对他说：“牛牛，来！让老师抱抱！看看有没有长胖呀?”孩子很开心，但望着老师纯白的外套，却止住了脚步。老师看出来孩子的尴尬，善解人意地说：“明天让我抱抱你好吗?”孩子很快乐地用力点了一下头。

边看边暗暗想：换了我，面对这样的孩子，会怎样去做？大概会采用那种被王老师称之为“干涉式教育”的方式吧？要么直率地告诉他：你太脏了；要么严厉地要求他：你必须把自己整干净！“前者是向孩子耳朵里输入教师评价，后者是向孩子的耳朵里输入教师指令。进行这种教育，不需要多少专业知识，靠条件反射就可以实施了，这种办法不怎么需要动脑筋的。”王老师的点评让我汗颜。

而方老师没有评价牛牛，也没有命令牛牛。她只是设计了一个“拥抱情境”，让牛牛自己“发现”自己的问题，并且鼓励牛牛改正。这种隐蔽的帮助式教育，作为学生的牛牛可能都没感觉到老师在教育他，可是他已经受到教育了。这种教育讲的是实效，而不是表面形式。

这学期，我们学校发给每个学生一张目标责任卡，让学生根据自己行为习惯中的不足自己来制订一段时间内要实现的目标，实现目标的孩子会得到一张嘉奖令。起初我对这张印制简单还不足巴掌大的小纸片并不以为然，那些知识面广，视野开阔的小“人精”们，怎么会买这样一张小纸片的账？没想到它却让一个二年级孩子的家长感慨万千，原来她的女儿胆子比较小，而且不爱喝水，常常一整天都不喝水。家长怎么提醒也不行。周末，小姑娘就把给自己制订好的两个目标给妈妈看：一个是要做到自信，另一个是要多喝水，并请妈妈来监督。家长感慨地说：其实孩子最清楚自己的不足在哪里，这张小卡片太好了，它能帮助孩子自己来改正自己的缺点。这样看来，这张小卡片对学生来说，不也正是一种“隐形”的帮助吗？没有批评，没有命令，孩子自己在发现问题、解决问题，并乐于与家人一同分享这一过程。

原来，要给帮助一双隐形的翅膀，不但需要有爱心，而且需要有先进的教育理念支持。作为教师，只有尊重学生，理解学生，相信学生，才能引导学生自己教育自己。

小马过河

安徽省宿州市第五小学　张　杰

十五年过去了，第一次上公开课的情景我还记忆犹新。那一次我上的课文是《小马过河》。

初为人师的我，既想上公开课，以便早点获得大家的认可，又怕上不好，落下笑柄，心里一直忐忑不安。不知为什么，学校一直没有安排我们几个新老师上公开课，这让我那颗悬着的心一直没有落下来。

国庆节过后，语文教研组长说，学校一年一度的教学大奖赛下周开始，不论年纪大小统统都上，每个老师都是评委；因为我们几个新老师没有经验，所以先听别人的，最后再听我们的。

心底非常感激教研组长的安排，这不但让我先松了一口气，还有一次学习他人长处的机会。

真没想到，有的老教师教了那么多年的书，一上公开课还那么紧张，有说话不利索的，有写错别字的，甚至还有早早完成教学任务，干等着下课铃响的。

"不打无准备之仗!"每天放学后，尚且孤身的我就既做老师又做学生，一遍遍地试讲，一遍遍地修改教案。那时学校的条件非常简陋，没有什么电教设备，就连最简单的投影仪都没有。为了让学生直观而生动地理解课文内容，我花了一个晚上的时间，用木头刻了一匹马、一头牛和一只小松鼠，然后再涂上不同的颜色，嘿，真是栩栩如生。

终于轮到我上场了。教学用具我准备了不少，除了我刻的木马、木牛、木松鼠外，还有小黑板三块、卡片若干，我还跑到教自然的老师那里，借了一个透明的小水槽。

因为让学生预习了课文，所以同学们认识生字、朗读课文都做得很好。这让紧张的我渐渐回复了自信。课堂上，同学们的眼睛睁得大大的，他们眼盯着黑板，不时转动着小脑袋，个个很认真，很投入，学习兴趣是那么浓厚。静时，人人全神贯注，侧耳倾听；动时，群情激奋，争先恐后。在讲解课文的时候，我让几个朗读能力较棒的孩子分角色进行朗读，赢得了不少老师的点头赞许。

当我把刻好的小动物拿出来的时候，孩子们高兴极了，一个个直喊真漂亮啊！我让一个同学到前面来，边说边演示小松鼠、老牛和小马过河的情景。因为水槽是玻璃的，水又是透明的，许多孩子看不清楚水淹没到小动物身上什么部位，急得乱叫。这可是我没有想到的，怎么办？一抬头看见讲桌上批改作业的红墨水，于是我把红墨水倒进水槽，这下子孩子们都站了起来，兴奋得如一头头小鹿，随着演示，一齐或读或背，将教学过程推向了高潮。

随后，我让同学们想象一下，如果你自己就是那匹小马，在听了松鼠和老牛的话后，你会怎么做呢？同学们的回答真是精彩纷呈，有的说先驮一些石头，垫在河床里；有的让老牛帮自己把麦子背过去，然后再游过去；还有的干脆让老牛把自己和麦子一起背过去……接下来，我让同学们把自己想的写下来，完成一次写话练习。

下课铃响了，我准备的东西也讲完了。等听课的老师走后，我才长出了一口气。一转眼，才发现三块黑板我挂了两块，还有一块在讲台旁呢。

评比结果出来了，我获得了语文组的二等奖，也是几位新老师中唯一获奖的。

多年以来，我一直对我的同事们心存感激，他们给我的肯定和鼓励，让我找到了自信，鼓足了勇气，犹如那匹过河的小马不再畏缩与胆怯。人们常说“失败是成功之母”，其实，成功更是成功之母。这之后，我再上公开课，都能坦然而又怀着欣喜的心情去面对，我知道，这都是第一次上公开课成功的馈赠。我也一直感谢那个二等奖，它让我一直保持着清醒的头脑，学无止境，我知道还有太多的不足之处，只要不断地向他人学习，向书本学习，我就会离一等奖更近一些。

如今，我已经获得过不少次公开课比赛的一等奖了，但我清清楚楚地知道，我还是那匹过河的小马，虽然曾迈出了成功的一步，但面对着教育教学的长河，我既不能像老牛一样沉稳，更不能像松鼠那样惊慌，只有全身心地投入，在实践中探索，在探索中前行……

因为，路还很长。

当了一回“叶公”

安徽省东至县至德小学　余永洋

小时候，读到《叶公好龙》，总以为是大人骗小孩子的故事，世上怎么会有嘴上爱得要命、心里怕得要死的人呢？想不到，长大以后，身为一名教师的我，居然也当了一回“叶公”。

事情发生在上个星期四，那天下午，我带学生到农远教室看《地雷战》。在一片欢笑声中，两堂课很快就过去了。片子刚放完，下课铃也响了。有的同学趁我关电视的时候，迫不及待地向教室外边跑去。以往，我对这种现象是不放在心上的，下课了，一节课的任务也完成了，学生本就该走了。但今天，因为校长吩咐，要找几个学生把教室打扫一下，看到同学们那么开心，我的心情也很好，便决定跟大家开个小小的玩笑。

我站起身来严肃地说：“谁让你们走了？我说下课了吗？”听我这么一说，那些准备往外跑的同学赶紧折了回来，紧张地在位子上站着。我接着说：“刚才跑的同学明天早上来扫教室。”这时，大部分同学似乎都松了一口气。可是，有个同学脸上的表情却让我心里很不舒服。

这是个倔强、有个性的同学，很敏感，很叛逆，姑且称之为张三吧。平时，因为他的这种性格，我对他很关注，与他交流也总是小心翼翼，生怕一不小心压制了他，使他对老师产生反感。但今天，他的表情实在让我愤怒。别的同学都在期待着我说出下课的话，他却看着窗外，轻轻地摇了摇头，那神情，既似不屑，又似不甘，更有几许不服气。我感觉自己内心的某根神经被深深地刺痛了，冷冷地对张三说："明天就你一个人扫!"顿时，张三的眼里沁出了泪花，愤怒地盯着我。面对学生这样的挑战，理智仿佛已经离我而去，我更加怒火中烧，快步走近他，大声对他说："可不可以?""可以!"张三很无奈地轻声回答。"大声一点!""可以!"张三吼了起来，同时双手握成了拳头。本来想开个小小的玩笑，想不到会造成这样尴尬的局面，我的心里很懊丧。骑虎难下的我，只好硬着头皮说："其余同学先走，张三留下来。"

当其他学生都走光了的时候，我也冷静下来，我问张三："你干什么？想跟老师打架吗?"张三是个直率的孩子，他毫不讳言："我不服气！别人也走了，你为什么不让他们扫？偏要让我们几个人扫?"原来，当时还有其他学生也跑了，调皮的他们没有站起来，只为开玩笑的我却没有深究。

"那么，即使不是因为这件事，老师让你扫地，行不行?"

"行!"

"当一个人犯了错误的时候，应该想办法来弥补自己的过错，你觉得老师说得对吗?"

"对!"

"那你知道今天错在哪里了吗？对老师的处理服不服气？说实话。"

"一半服，一半不服!"

"哪一半?"

"凭什么让我一个人扫?"

"因为你的态度。老师算是你的长辈吧？你对长辈应该这样说话吗？你以前对你爸爸妈妈是不是这样说话的?"

"有时候是，有时候不是。"

"我想，你爸爸妈妈肯定没有过多地责怪你！可是，当你走上社会以后，你这样对别人说话，别人会很轻易地原谅你吗？对老师的处理你可以有自己的意见，但你不应该用这样的方式来表达，明白吗？”

“明白。”

“现在服了吗？”

“嗯。”

“明天，还是你们几个人来扫教室，走吧！”

张三抽泣着走了，但我不知道他是否真的“服”了。整个下午，我一直不能安心地做任何事，我在想：我那个玩笑是不是不该开？

第二天早上来到学校，因为昨天的不愉快，我第一个寻找的就是张三的身影，他正在和几个同学打乒乓球。见我来到教室，他赶紧来到我身边，原来他也在寻找我！他对我说，农远教室的门还是锁的。我给他拿了钥匙，他带着一班学生走了。张三的情绪还好，我心里松了一口气。

来到办公室，桌上静静地躺着一页纸，是张三的悔过书。

余老师，这是我第一次写《悔过书》，写得不好，请您千万不要骂我，好吗？

悔过书

敬爱的余老师：

昨天下午最后一节课，我犯了一个无法忘记的错误。今天我诚恳真心地向您赔不是。

昨天，最后一节课，我们都在三楼看《地雷战》。我们看完了，第一组许许多多的人都一个个的从楼上往下走。我看见他们往下走，我也跟在后面往下走。您回过头来，说：“我让你们下去了？”您站起来严肃地说：“刚才跑的人都站起来。”我想：“这一下我又要倒霉了。”我们一个个慢慢地起来了。您见我们站了起来，说：“你们明天把这里，还有楼梯扫一扫。”我想：“余老师一定是和我们开玩笑的。”我就摇了摇了头。您见我摇头，严厉地说：“明天，就要张三一个人扫。"听完了您的话，我非常非常的不服气，恨不得跟您吵上一架。可是我又不敢。

您向我这边走了过来说："可不可以?"我小声地说："可以。"你又严厉地说："大声点!"我听了之后，怀着对您的不服气大声地说："可以。"您听了，生气地走到我身边对我说了很多很多的话。每一句都深深地刻在我心里，让我永远记住您说的每一句话。

从今天起，我要改掉我倔强、不尊重长辈的坏习惯。

张 三

2007 年 5 月 17 日

悔过书的末尾还有一封建议书。

建议书

余老师：

在这里我再给您提一个建议好吗?

你以后，要把你的学生和自己的孩子看作是一个知心的朋友，可以把快乐的事，伤心的事，烦恼的事，一起分享。可是，你也要尊重你这些朋友啊!

张 三

2007 年 5 月 17 日

看了张三的信，还有今天课堂上他那若有若无的、犹疑的目光，我的心里很不是滋味，自责和后悔占据我的心灵。

回想昨天的事，孩子如果说有错，是错在他的不羁、错在他的执拗。其实，我可以采取更好的办法，当发现孩子摇头时，我可以收回自己的玩笑："老师和你们开个玩笑，但明天确实想请你们把这里打扫一下，可以吗?"相信这种商量的口气，学生会愉快地接受的。可我，却把学生的摇头当成了轻蔑，骨子里的"师道尊严"使我丧失了思考能力。

孩子是在向我"悔过"吗?是的，他是在悔过，他不想和他的老师有隔阂，不愉快。可是，孩子的心中却有一种无法掩饰的伤害感。其实，他并不知道自己错在哪里，只是我的雄辩让他知道了自己原本不是错的错。

我不是一直标榜要做学生的朋友吗？和孩子开那样的玩笑，不就是以孩子的朋友自居吗？可是当孩子真的以为自己和老师平等了，能够表达自己的想法了，我却又不能容忍，这岂不是真正的“叶公好龙”？我不知道叶公窗前的龙有没有受到伤害，但我的良知、一个教师的责任感却告诉我，不能这样伤害学生，孩子并没有错！为了使这种伤害降到最低，我给张三写了一封道歉信。

我的致歉信

张三：

你好！老师怀着深深的抱歉给你写这封信。

因为昨天，老师在许多同学面前，大声地斥责你，严厉地责骂你，让你受到了伤害。

其实，昨天你没有多大的错。提前走出教室，是因为我平时并没有定下这样的规矩。不服老师的处理，也是你的权利。只不过，老师因为把自己当成了长辈，才有那样激烈的反应。其实，错的是老师。

很感谢你即使在老师刺伤了你以后，仍然把老师当作你的朋友。但老师却很不够朋友，只想着自己的感受，没有顾及到你的感受。我昨天想了很久，现在像你这样的人，其实是很可贵的。能够有自己的想法，不随便地服从权威，是一个人的宝贵品质。这种人是真理的卫士，是时代的勇士。我们课本上就经常赞美这样的人。但这样的人，在实际生活中，却很容易得罪人。所以许多人不知不觉地改变了自己的性格。我很庆幸我们班有这样的学生。但昨天的我，却也因为习惯的力量，因为一时的冲动，打击了你的这种表现。我再一次深深地感到抱歉，我真诚地希望我的行为不会使你改变自己。

既然是朋友，我想我就有义务告诉你，虽然你昨天的想法是对的，但你的表现是错的。正如我昨天所说的，你可以采取更好的方法来表达自己的想法，而不是那种容易激怒别人的蛮横无理的表现。这是一种智慧，是一种坚持原则又能避免伤害的智慧。

说到这里，我有些惭愧，因为我自己也没有做到。就让我们一起努力吧！

愿我们能成为真正的好朋友！

余老师

5 月 17 日

我把这封信夹在日记里发了下去，我不知道张三看到这封信会有什么感受，但星期一看了张三的日记，我的心里总算有了一丝安慰。

“今天，我来到学校打篮球，谁知学校里一个人也没有，我只好一个人无聊地玩着。过了一会儿，余老师来了，我想，好了，余老师一会儿会来和我一起玩了……”（我住在学校，也经常和孩子们一起玩，但很遗憾，那天有事，没能实现张三的愿望。）

虽然，张三没有提那件事，但孩子还想和我玩，我心满意足了。回过头再说起这件事，我想起了《论语》里的一句话：“随心所欲而不逾矩！”和孩子开那样的玩笑，我真的逾矩了。感谢张三，虽然我逾矩在先，好龙在后，他却仍然能够原谅我。特作此文以警醒自己。

因为专注，所以幸福

福建省泉州市惠安职业中专学校语文组　张　勇

我参加工作已有五年了。五年来，我从同事嘴里听得最多的一句话就是“没劲”。老教师这样说，年轻的教师也这样讲。从他们的语气里，我听出了深深的疲惫和无奈。的确，我们学校是一所职业学校，生源的素质差，社会的偏见深，这一切都给我们这些职校教师的教育带来了极大的困扰。我也曾因此感到迷茫和困惑。

我至今还记得我第一次当班主任的经历。当时我刚毕业，学校让我带电子电器专业的一个班级。电子电器专业的学生都是清一色的“和尚”，这个专业历来是学校公认的“刺头专业”。同事曾经委婉地劝我不要接手。但是对于学校交给我的这个艰巨任务，我没有丝毫畏缩。我不相信自己堂堂一个本科生还搞不定一群黄毛小子。于是我踌躇满志地上任了。刚接手这个班级的时候，我以为面对着这些个个桀骜不驯的“刺头”，非要采取高压政策才能够教育好。因此，一开始我就采取雷霆手段对整个班级进行一番大整改。但是，经过一个多月的“严打”之后，我却发现收效甚微。我在的时候，学生个个静如处子；我一离开，个个又是动如脱兔。几番折腾下来，我身心俱累，再无当初的豪气与自信。我开始怀疑，难道真的就像同事所说的那样，在职校无论你怎么努力都不能改变什么？

一时之间，我有点迷茫了，难道教育并快乐着真的只是一个遥不可及的梦想？

于是，我在一些教育论坛上发了帖子，说出了自己的困惑，想寻求解决的办法。我的帖子很快得到了大家的回复。但是，和我的初衷相反，我没有找到解决的办法。倒是有为数不少的网友附和我的观点，认为现在的学生，尤其是普通高中和职校这两种学校的学生相当难管难教。教师往往是吃力不讨好。总之是“怨声载道”。看完这些回复，我心中更加沮丧，看来教育是真的和幸福沾不上边了。有一段时间我几乎颓废了，工作起来不像以前那样有干劲了，教育论坛也不上了，整天浑浑噩噩地混日子。

直到有一天，我闲着无聊，打开那些已经有些陌生的教育论坛，翻出我的那个帖子，居然看到一条新的回复：“很多时候，我们对自己的教育工作感到疲惫，感到无奈，并不是来自于工作上的压力与困扰。更主要的，是因为我们对工作不够专注，所以我们无法体会到工作中的乐趣，更享受不到工作的幸福。”末尾的署名是“享受教育”。我很惊讶于这个网友的与众不同。但同时也有些怀疑，他这样说是真的心有所感，还是纯粹的标新立异呢？突然之间，我很想认识这个人，了解一下他的真实想法。于是我查看了他的注册资料，知道了他的QQ号码，把他加为好友。我们两个人就通过网络这个平台开始了我们的交往。通过了解，我知道了他是莆田某所职校的语文教师，和我是同行，不过比我早工作两年。

我对他的“专注就是一种幸福”的观点很不理解，觉得有点哗众取宠的感觉。因为在我看来，很多年轻的教师，比如我，都对教育倾注了极大的热情，这不可谓不专注。但是，却很少有人能感受到从事教育的幸福。

他没有直接反驳，而是问我：“你如何做到专注呢？”

“我当班主任以来，几乎天天到校跟班。学生犯了错误我及时进行批评教育。还时不时地到宿舍突击检查。这应该算得上专注了吧。”我不假思索地回道。

“这不叫专注。”他毫不留情。

“不可能，我这样做不叫专注，那什么才叫专注呢？你自己又是怎么做的呢？”我很不服气。

“专注源于热爱自己的工作、自己的学生。你所做的一切都是以此为出发点吗？”他再次发问。

我不由得沉默了。我热爱我的工作，热爱我的学生吗？我想了很久，答案是否定的。我心里知道，一直以来我都对自己被分配到职校耿耿于怀，对这份工作毫无热爱之情。我拼命工作只不过是想得到领导赏识，争取一些资本好跳槽到其他重点学校。因为这样，我才会近乎苛刻地要求学生。我不允许他们犯错误，不允许他们丢我的脸面。我抱着急功近利的心态想在短时间内就做出让别人刮目相看的成绩。是的，我所做的一切都是以自我为出发点的。

那次，我和“享受教育”聊了很久，感触很深。他告诉我，真正的专注，应该是把工作当成事业，把学生当成朋友。只有这样才能够真正享受到从事教育的幸福。

于是，在“享受教育”的帮助下，我开始改变一些做法。我改变了我的急功近利的心态，开始阅读一些教育理论的著作。更主要的是我开始主动去了解学生，关心学生。慢慢地，我发现原本桀骜不驯的学生其实也有着可爱的一面。比如，陈晓东这个我眼中的“学困生”，印象中不论上什么课他都在睡觉。但是上实践课却是出人意料地积极。最早到实践室，又最晚离开。还有，王伟钦这个班上的“打架王”，三天两头打架。但是经过我的暗中了解却发现他为人豪爽仗义，而且打架大多是为班级同学打抱不平。还有，平时看起来有点木讷的庄伟坤，在他们村里却有着极好的人缘……这一切，都是我以前想不到的。

随着我了解的深入，一个个原本抽象的学生在我的眼中变得丰满起来。我知道了每一个学生的性格，知道了他们的烦恼与苦闷。于是，对学生的训斥和批评少了。而和学生谈心的时间却多了。我发现以前我三令五申都不能改变的陋习却在我的不经意的谈笑间化于无形。我真真切切地感受到教育的幸福和快乐。

因为专注，所以幸福。此话诚然。

阳光照进心灵

江苏省常州市武进洛阳中学　赵　洁

关爱是一束阳光，无论是你去关爱学生还是一个学生去关心另一个学生，它都会像阳光一样照进心灵，温暖着你、我、他。在对待姜云这件事上，我深受触动。

教这个艺术特色班有五个月了，我发现班上有个名叫姜云的女生特别孤僻，可以说没有朋友。尽管她的专业成绩是班上最好的，但文化成绩一直不算出色，而且还呈现下滑的趋势。我看在眼里，急在心里。

怎样改变这个女孩子呢？我向班上其他同学打听了一番。很多学生说姜云平常很独立，从来不麻烦别人，也不大理会别人。有几个学生说她太傲。比如，上次她感冒了，舍友给她买了点感冒药，她冷冰冰地说了声“谢谢”后非要付跑路费不可。我想，看来这个女孩子不喜欢接受别人的帮助。那么，她愿意不愿意帮助别人呢？我觉得，无论她多么孤僻，应该都是乐于助人的。好，就从这儿突破。

那是在一节自习课上。我走进班问大家：“我们班上谁的素描水平最高啊？我想找个同学帮我画幅像。”很多同学都说是姜云。我说：“看来大家都很关注姜云啊。可是，不知姜云愿意不愿意。”

“姜云，你愿意给我画幅像吧？”我走到姜云面前诚恳地说，“大家公认，你的素描水平是班里最高的。”

她似乎有点紧张，但肯定也有点喜悦。我满怀期待地注视着她，她腼腆地点点头。

两个小时，我坐在画室里一动也不动。

“老师，您要是累了就稍微歇一歇。”姜云在画像的过程中说了几次。

我示意不用：“我知道做模特是不能动的。”

画完后，她的鬓角已经沁出了汗珠。

“太好了，绝对是我最好的一张照片！”我对她惊叹道。

她没有想到的是，那天下午，我花了200块钱郑重地装裱了这幅画像，又和她一起把这幅画像挂在了我的房间里。给我搬凳子，递锤子、钉子，这时的她完全是一个稚气未脱的小孩子！后来，听她的舍友说，她当天晚上给她妈妈打电话，很激动地说起了这件事。

从别人的特长出发，去理解别人，容易实现心灵的沟通。有了这么一次，她在我面前逐渐没了拘束，我发现她其实很活泼，话也很多。她似乎是从情感上觉得我是可以亲近，所以经常来与我交流。但我发现，她和班上的同学交流仍是很少。如何进一步改变她呢？我可以去理解姜云，给她的心灵注入阳光；那么姜云能不能主动与其他同学沟通呢？我想，这需要一个契机。

我决定给她换一个同桌，一个专业不好但文化成绩不错的女生。我事先请她帮那个女生，她同意了；那个女生也一直想向她讨教专业课的技巧。我给她们订下一个合作约定：在期末考试前，她的数学要和她的同桌相差不超过 10 分，而她同桌的专业起码要提高二十分。

她很自信地说："专业，行！我的数学？老师，我不敢确定。"

我问她："你相信我吗？"

她说相信。我一字一句地说："像相信我一样相信你的同桌和你的数学！"

她见我如此郑重，也郑重地点了点头。

开始，我还监督她们；后来，我经常看到她和同桌一起学习、讨论、玩乐……再往后，还有许多其他同学加入她的这个"圈子"（她的说法）。

期末考试后，我和她坐在教桌的两边，一束阳光静静地照在教桌上。我颇为高兴地告诉她，说她的数学进步不少，而且她同桌的专业成绩也进步了 30 多分。她站起来，向我深深地鞠躬："老师，谢谢你！我的专业课也进步不少，以前我以为自己很难进步了！最重要的是，我现在有很多好朋友！"她笑了，笑得那么灿烂；我也笑了，在心中斟酌着：对我来讲，姜云专业的进步也只是附带品；最重要的是，她已经完全走出了自我封闭的世界。

坚持是一种美丽

河北省唐山市安各庄小学　曹建英

人生就是一部书，用两支笔来写成的书，一支笔写着如意时的快乐，一支笔写着失意时的沮丧，也正因为如此，人生这部书才更有精美的故事，才更经得起细细品味。可是现实中很多人，总是满心渴望拥有永远的快乐，却缺乏坦然面对失意的勇气，当失意向自己袭来时，表现得是那样弱不禁风、不堪一击。我本人也曾如此，但是历经两年多的成长，如今终于能坦然而微笑地面对失意和困苦，终于让自己变得成熟了。

回想过去，从 2006 年，面对生活中的磨难，面对工作上的失意，我开始变得焦躁不安、忧心忡忡，就像一个在深夜里独自闯荡的行者找不到路之所在，看不到黎明的曙光，就如坠入万丈深渊的遇险者，无论怎么挣扎也逃离不了险境。无数次哭泣、无数次痛苦、无数次绝望，但是冥冥之中总有一股强大的力量在支撑着自己，“站起来吧！不能做生活的弱者！”我深知这股强大的力量来自于亲情来自于友情，来源于学习，来源于与人沟通交流，来源于……正是拥有了这些，才有了自己无数次的站起！如今经历不断锤炼之后的我，已经不再惧怕失意的扫荡，反而觉得它虽然不如春风般和煦，但是确如秋风般把自己吹向成熟，如同磨石一样，把自己的灵魂磨痛，让自己的生命丰富！当我再次面对失意时，我终于可以微笑着告诉自己：“如果生活给了我 100 次失意，我还有第 101 次的站起！”

写到这里不由得想起前段时间在张万祥老师主编的《德语资料库》里看到的一则小故事《苏格拉底成功的秘密》：有学生问苏格拉底，怎样才能修到他那样博大精深的学问，苏格拉底听了并不直接回答，只是说：“今天我们只学会一件最简单最容易的事，每个人都把胳膊尽量往前伸，然后再向后甩。”苏格拉底示范了一遍，说：“从今天起，每天我们做300下，大家能做到吗?”学生们都笑了，这么简单的事有什么做不到的。过了一个月，苏格拉底问学生：“哪些学生坚持了?”有9成学生骄傲地举起手。一年以后再问，全班只有一个人举起了手，他就是后来成为古希腊另一位大哲学家的柏拉图。故事很简短，可是它却告诉我们一个大道理：“只要坚持、坚持、再坚持，你就会收获成功!”所以面对困难、面对失意我们完全可以用柏拉图的成功勉励自己，只要我们能做到坚持不懈，我想就没有过不去的火焰山，没有趟不过的河，没有走不了的路！所以其实我们每个人都拥有一样永存的法宝——坚持!

在网上也看到过另一则小故事《第九十八次等待》，却从另一个角度让我明白坚持的力量到底有多大。在《第九十八次等待》中，那个男孩和女孩非常相爱。有一天女孩要搬家到遥远的城市去了，男孩非常地伤心，却不敢留她。女孩一直在等他开口说不要走，她等啊等，一直等到上飞机，他都没有说。上飞机前，女孩递给男孩一个可爱的小毛猪，女孩说：“想我了，就摸它一下吧。”然后，女孩就上了飞机，她没有回头。晴朗的天突然下起了雨，男孩含着眼泪看着飞机升空，就在这一刻，他突然发现自己犯了一个可怕的错误，他竟然没有问女孩在新的城市里的地址和电话！于是，从此他开始等待，每一天每一天地守着电话不敢离开，他想女孩一定会打电话来的。但是没有，一直都没有。他想念女孩的时候，就摸一下那个小毛猪的头，他摸了一次又一次，只让自己更加想念。他等了整整三个月，后来他绝望了。他觉得女孩一定是放弃了他，他甚至开始恨那个女孩了。后来，男孩走出了自己的屋子，从那一刻开始，他决定忘记这段感情，他要重新开始。于是，他抱起那个小毛猪，想了想，狠心将它扔出了窗外。扔掉了一切关于女孩的回忆，男孩从此再也不回头了。第二天一早，有个清洁工到楼下打扫卫生，她看到了那个小毛猪。她把小毛猪抱了起来，摸了一下它的头，再摸了一下，突然，小毛猪动了。小毛猪的嘴巴慢慢张开，吐出了一张字条。字条上，是女孩在新城市的地址和电话。小毛猪是女孩专门跑到一个玩具厂找人定做的，费了很大的心思。如果摸了猪头一百下，小猪就会吐出她写在里面的字条来，她已暗暗决定，只要接到了男孩的电话，她就不顾一切地赶回来，再也不和他分开。但是，男孩最终只摸了九十八下，男孩和女孩从此错过了一生。故事的结局很凄凉，男孩曾经满心真爱女孩，也曾经坚持了很久，但是最终却松劲了，和自己心爱的女孩错过了一生。而造成这个爱情悲剧的原因就是缺少坚持！

所以在人生的道路上，我们要学会坚持，时刻怀揣勇气和信心上路，全力坚持战胜失意、战胜困苦，战胜了它们，其实我们也就迎来了如意，拥有了幸福的快乐。所以，坚持是一件法宝，是冲破失意、战胜困难的法宝；坚持是一种美丽，是成就属于我们自己的幸福和快乐的美丽！让我们为美丽而战！坚持到底！

奇迹源自责任

浙江省苍南县金乡三小　李上塔

5·12这个日子，因为一场地震而深深地烙进了每个中国人的心坎里，多少楼房倒塌，多少家庭妻离子散。北川中学千人被埋，什邡市蓥华中学200多名师生被压废墟，绵竹两所学校倒塌200余人被埋，重庆梁平受震垮塌小学已5人死亡，34人受伤。可是有这样一所农村学校，在5月12日汶川大地震面前，在周围建筑几乎全部倒塌的情况下，2200多名学生和100多名老师，安然无恙，无一伤亡，被人们称为“奇迹”。而创造奇迹的就是四川省绵阳市安县桑枣中学校长叶志平，他是四川省有名的优秀校长，今年55岁。当人们向叶校长投去赞许的目光并称道该校所创造的奇迹的时候，我们是否应该扪心自问：这个奇迹也可否出现在别的学校呢？叶校长的这个奇迹并不是从天而降的，而是源自于平时到位的训练和责任。

叶志平自从担任桑枣中学的校长后，就为学校当时新建的实验教学楼开始担心。此楼始建于20世纪80年代中期，由于没有找正规的建筑公司，并且断断续续地盖了两年多，到后来，竟没有人敢为这栋楼验收。当时的新楼，楼梯的栏杆摇摇晃晃的，楼板缝中填的不是水泥，而是水泥纸袋，大楼的承重柱子不合标准。面对这样的情况，叶校长下定决心进行维修加固。虽然造价只有十几万，光加固就花了二三十万，请不要说叶校长浪费，其实他已经把钱用在刀刃上了，他的心底时刻想着学生的安危。但光有坚固的房舍，在强大的自然灾难面前还是那么的脆弱，叶校长还进一步想到关键的环节——人的自我防范意识。他也做到了！

从2005年开始，他每学期都要在全校组织一次紧急疏散的演习。学校规定好每个班固定的疏散路线。要求两个班在疏散时合用一个楼梯，每班必须排成单行。每个班级疏散到操场上的位置也是固定的，每次各班级都站在自己的地方。

就连每个班在教室里怎么疏散都做了规定。教室里面一般是9列8行，前4行从前门撤离，后4行从后门撤离，每列要走教室里的哪条通道都预先进行了设置。并且要求在二楼、三楼教室里的学生跑得快些，以免堵塞逃生通道；在四楼、五楼的学生要跑得慢些，否则会在楼道中造成人流积压。

在紧急疏散时，对老师的站位也有要求。要求老师站在各层的楼梯拐弯处。因为在拐弯处学生们最容易摔倒。孩子如果在这里摔倒了，老师是成人，完全有力气可以一把把孩子从人流中抓住提起来，不至于让别人踩到。

叶校长除了搞紧急疏散演练外，还经常利用学生下课后、课间操、午饭晚饭以及放晚自习时间，在教学楼中人流量最大的时候，看学生的疏散情况，查看老师是否在各层的楼梯拐弯处。他还规定，每周二学校各班级要进行安全知识讲课，对学生进行安全教育，让老师专门讲交通安全和饮食卫生等知识。地震那天，老师和学生们就是按照平时的训练秩序，用练熟了的方式进行了安全疏散。由于平时的多次演习，在地震发生后，全校2300多名师生，从不同的教学楼和不同的教室中，全部冲到操场，以班级为组织站好，用时1分36秒。如此神速离不开平时的训练，而平时的训练则源于对学生的责任心。

目前，各大学校的安全教育不会一片空白，也都制定了相当完备的规章制度，可真正落到实处了么？我们需要的不是“走过场”、“蜻蜓点水”、“应付检查”，我们需要的是实实在在的实践，让孩子们在灾难来临的时候，有办法保全自己，及时避免灾害，而不是仅仅看看交通挂图，听听讲座了事。这样，虽然你任务传达了，可学生还是模棱两可，还不知道如何进行具体实际操作，效果不容乐观。我们如果能像叶校长那样，富有前瞻性地制定详细规则，分工明确，落到实处，重在操作，那么，在灾难来临时，我们不就可以多些逃生的希望了么？只要每个学校都认真、确实做到这点，我相信这个奇迹是可以出现在别的学校的。

写到这里，我的脑海里出现了叶校长学校墙上写着的那句话：“责任高于一切，成就源于付出。”是的，叶校长就是这样的一个人，他的奇迹源自于对学生的责任感。

多问几个“为什么”

重庆市渝中区曾家岩小学　蔡　燕

在学校，几乎每个班都有问题学生。他们是“麻烦制造者”、拖班级后腿者。他们对班主任的定规矩、说服、舆论、评比、惩罚等常规动作都有免疫力，百毒不侵，屡教不改。我们向专家、前辈问了许多这怎么办，那怎么办，希望有灵丹妙药可以制服他们。可是，世上没有万能的方法，管得了一时，管不了一世，我们又回到困扰之中。

一次机缘巧合，我在网上看到了北京教科院基教所退休教师王晓春对班主任案例的点评。睿智的语言、一语中的的分析，令人耳目一新。于是，我到书店买了他撰写的《问题学生诊疗手册》。这本书的封面和扉页都是温馨淡雅的米黄色，从心理学角度讲，这是最能让人平静的颜色。或许，王晓春老师就是要让一线的班主任们能心平气和地对待问题学生吧。

书中，王老师提倡用科学的态度解决问题。其中“多问为什么，少问怎么办”这条思路吸引了我的目光。他说，教师遇到问题、生出问题，应该像科学家看到不明物体一样，怀着好奇心问：“这到底是什么现象，为什么会这样?”这种反应会使老师冷静地询问、研究，有利于解决问题。当你冷静地把他当作研究对象时，好奇心会冲淡反感。是啊，哪位科学家会对自己研究的对象动怒呢?

再想想自己，我遇到问题，脑海里立刻想的，不是他为什么要这么做，而是想：好哇?又是你！不用解释，你的老毛病就是改不了！于是，非但不能解决问题反倒激化了，师生的情绪都非常对立，学生的逆反心理陡涨，犯错误的几率更是越来越大。其实，很多时候正是因为我的简单归因、粗暴干涉，将小事变大。看来，这样伤人损己的观念的确应该更新了。

不久后的一节语文课上，女生倩突然捂住左眼哭了起来，我一检查，发现眼角有一处铅墨印迹，无大碍。我开始分步询问，倩和附近的同学都坚持认为班里的调皮大王——勇是故意用铅笔戳倩的眼睛，且不断有证人投诉勇也曾经欺负过自己。

看起来，这是一桩很简单的案件，证人、受害者都把矛头齐刷刷地对准了勇。我依然不急着说出结论，却“多此一举”地又问了一个“为什么”。

“你为什么用铅笔戳倩？”勇懊丧地回答：“我正在写字，听到倩约芳交换语文书，评价生字。芳的字写得好，我想给她打五星，我不想让倩先跟她交换，我就去抱倩，想阻止她俩，结果手上的铅笔就打到倩的眼睛了。”

我扭头问倩和芳：“是这样吗？”两个女生点头。

赔礼道歉，这一场风波很快就平息了。语文课得以顺利进行。

回到家，我反思当天的教育得失，感到很欣慰，我庆幸自己没有简单地顺势下结论，错怪勇，而是不断地问：“为什么？”这个“为什么”问出了事情原因。看来，学生的行为，需要我们了解事情发生背景，而不是去横加指责、不分是非。

但是，光问一个为什么，事件就真的平息了吗？还可以提出“为什么”吗？为什么全班没有一个人替他说话？结合作证时多人控告勇曾经的“罪行”，不难看出，他平时结怨过多，才使一次小小的无意伤害，演变成对他的集体大控诉。我打电话把这件事告诉了他的家长，请他们也思考，勇该如何面临这样的处境？家长也说，孩子到家后讲了这件事，孩子很高兴，因为老师相信了自己的话。

孩子的心情让我豁然开朗，小小的“为什么”，竟然让孩子感受到了尊重和信任！一个“为什么”，就是一个起点。一个“为什么”，如同庖丁解牛，问题迎刃而解。

现在的我，与问题学生谈话时，没有了以往的剑拔弩张、越说越大声，有的只是平心静气地询问，反倒越说越小声，以至于办公室的同事评价："你们俩像是在聊天一样！聊着聊着，嘿，这个'刺儿头'还就主动认错了！"用科学的态度教育问题学生，多问几个"为什么"，这句话说得多好！

面对问题生时，多问几个"为什么"，就会少几分硝烟；多问几个"为什么"，就会少一些误会；多问几个"为什么"，就会多几分冷静；多问几个"为什么"，就是多几分理解；多问几个"为什么"，就是一种科学的思维方式。

当解决问题生的问题时，我们不能问："现在怎么办?"，而是需要冷静地问："这是为什么?"一个"为什么"，就是一个良好的开端。

根深才能叶茂

安徽省宿州市聋人学校　梁　好

非洲草原上的尖毛草，是非洲大地上生长得最高的毛草之一，有"草地之王"的美称，但它的生长过程却十分怪异。在最初的半年里，它几乎是草原上最矮的草，只有一寸高，人们甚至看不出它在生长。在那段时间里，草原上任何一种野草，长得都要比它旺盛，没有人能看出尖毛草会是今后的"草原之王"！但半年过后，在雨水到来之际，尖毛草就像被施了魔法一样，以每天一尺半的速度向上疯长，三五天的时间，它便会长到一米六至两米的高度。

科学家来到非洲草地，专门研究尖毛草的这一现象。研究表明，尖毛草其实一直在生长，但它不是在长身体，而是在长根部。在长达六个月的时间里，尖毛草的根部长得超过了28米，无声地为自己的将来作准备——一棵草，竟然有28米以上的根茎，这是多么罕见的现象。

当蓄积了足够的营养和能量后，尖毛草便一发不可收拾，在短短的几天时间里，一下子长成了草地之王。

由尖毛草我想到了教师的专业成长。不想当将军的士兵不是好士兵，同样，不想成为名师的教师也不是好教师。拥有高超的教学技艺，灵活地驾驭自己的课堂是每位教师的梦想，然而这个梦想却并非一朝一夕所能成就。教师的成长需要一个漫长的过程，教师应该耐得住寂寞，静下心来努力地学习、踏实地进行自己的教学实践，打实自己的根基，这样才能迎来日后瞩目的鲜花与热烈的掌声。

著名特级教师王崧舟在回忆自己的专业成长历程时，曾把一段时期称为“孤独沉潜”阶段，从1990年到1995年，五年时间里他除了埋头教书、读书、听课、研究课题外，没有任何公开课、没有任何荣誉。五年里，他博览群书，宗教类、哲学类、文学类、美学类的。这一段不掺杂任何功利因素的潜心读书经历，为他今后的名师之路夯实了深厚的人文根基。五年里他还听了大量的课，各种各样的课，每年累计不少于200节，课课有记录，课课有反思，这些听课的体验锻炼了他的思维，也为他的课堂注入了新鲜的活力。他自己称：“五年的沉潜，肚子里装了成百上千节课，慢慢发酵，慢慢融入你生命的每一根血管，每一个细胞。虽然表面很平静，没有一次抛头露面，没有谁来关注你，但是在平静的底下，生命的能量却不断灌注不断加大。”是的，如若没有这五年的沉潜与积淀王崧舟恐怕很难有后来的一鸣惊人，也难有现在的这番成就。

王崧舟曾经说过这样一段话：“一个优秀的语文教师，必须有四大支柱的坚固支撑：丰厚的文化底蕴支撑起语文教师的人性；高超的教育智慧支撑起语文教师的灵性；宽阔的课程视野支撑起语文教师的活性；远大的职业境界支撑起语文教师的诗性。”他所说的这四项支柱都需要教师长时间的沉潜：丰厚的文化底蕴需要阅读来累积；

高超的教育智慧需要实践来提升；宽阔的课程视野需要学习来打开；远大的职业境界需要磨砺来铸造。阅读、实践、学习、磨砺都需要时间，都需要教师默默无闻地沉潜。其实这个过程不就是教师“扎根”的过程吗？唯有根茎扎的深厚，才有后来的枝繁叶茂呀！语文教师如此，其他教师亦然。

然而现实教育生活中，一些教师却耐不住这沉潜的寂寞与孤独，这扎根的无声与沉寂。他们期望得到关注，期望一次又一次出彩，他们不屑于沉静的学习与累积，他们极力寻找崭露头角的机会。虽然展示自己没有错，但在缺乏人生阅历、文化底蕴、专业功底的状态下，为了出彩教师很容易想到虚伪的造假与作秀。为了一次公开课，一些教师不惜浪费学生的时间，消耗学生的精力，反复演练，精雕细琢，学生成了教师“公开课”的陪练，成了教师任意摆布的玩偶，完全丧失了学习的主动性与积极性。或许这样的课能够得大奖，教师也因此而光芒万丈，荣誉缠身。然而教师真实的课堂、自然的教学却不会因为这表面荣誉的浮华而增添色彩。没有根基的课堂终是飘摇不定的，没有根基的教学终是苍白无力的，没有根基的教师也终是不堪一击的。教师专业发展是一个曲折而漫长的过程，评价一个教师的成长也绝不能着眼于“昙花一现”的荣耀与光鲜，教师默默扎根学习的过程同样值得关注，值得大加赞叹。

孤独而寂寞的沉潜终会有一天厚积薄发，以不可抵挡的气势释放超强的能量。

需要这孤独的“沉潜”，需要这默默的“扎根”，因为只有根深才能叶茂！

阅读夯实成长路

山东省寿光侯镇五台二中 张孝之

我们生活中的每一个人，无时无刻不在进行着阅读。阅读自己，阅读他人，阅读生活，阅读我们赖以生存的社会和自然。而阅读最多的还是对我们的专业成长有所帮助的专业作品。

作为一名教育工作者，我觉得只有多阅读才能夯实自己的专业基础。

阅读自己的专业类的作品，可以更好地提高自己的专业水平。我在读大学期间，就喜欢阅读各类文学作品。其中尤其喜欢读故事情节曲折生动的小说和戏剧。另外，对《唐诗三百首》，我也情有独钟。其中的大部分诗，像李白的《将进酒》等，在当时我都能熟练地背诵出来。那时进行阅读，并没有什么目的，就因为是爱好。没想到的是自己参加工作之后，在担任的语文课的专业教学中，这些知识都有了用武之地。给学生讲解课文时，可以适时地引用古诗，增加自己授课语言的多样性和趣味性，唤起学生听课的积极性；在写作时恰当地引用古诗，可以使文章语言收到言简意赅的效果；做学生的思想工作时，可以从杜甫的“随风潜入夜，润物细无声”得到启发，使自己能够耐心地与学生谈心。我在讲授《陌上桑》时，用《红楼梦》中描写林黛玉美貌的句子“两弯似蹙非蹙笼烟眉……心较比干多一窍，病如西子胜三分。”与本文进行写作手法上的对比分析，不仅增加了学生学习的乐趣，而且加深了学生对知识的理解与巩固，收到了良好的授课效果。阅读小说、戏剧类作品，能让自己感受生动曲折的故事情节的美妙，认识人物的善良与丑恶。阅读散文类作品，可以让自己做到足不出户，却能走遍天涯海角，领略世界各地的风俗民情，使自己的灵魂得到净化。这些内容，都与自己所从事的语文教学专业分不开，都是自己做好专业工作的平台。

阅读与自己的本职关系比较密切的作品能够让自己在专业工作中得心应手。从某种意义上说，教育学生如何做人，比教给他们书本知识更重要。此时，可以多读一些讲授教育学、心理学等方面的书籍。我本来对教育学、心理学方面的书籍不感兴趣，觉得里面的知识太抽象，不如文学作品那样趣味横生。但随着自己在工作中不断地遇到一些实际问题，我慢慢发现，只有专业知识，即使能力再强，也无法更好地做好自己的本职工作。所以说，是自己在工作实践中遇到的实际问题逼迫着自己去学习教育学、心理学等方面的知识。于是，除专业书籍外，我又把《给教师的建议》、《陶行知》、《牵手两代——家长课程》等书籍当作至宝，把从里面学到的知识活用到对学生的教育中去。从《陶行知》里面我学会了怎样才能做到尊重学生，从《牵手两代——家长课程》中的“家长对孩子学习成绩的过分关切，增加了孩子的不安全感”受到启发：自己是不是对学生成绩的过分关切，造成了学生的不安全感。这一些教育理论知识，对我的教学工作起到极大的推动作用，促进我的工作水平的不断提高。

广泛涉猎各种作品，拓宽自己的知识面，会有助于自己专业的成长。语文是一门基础学科，具有很强的综合性。语文课本里面所涉猎的知识上至天文、下至地理，无所不及。在教学工作中，我深深感到，没有一定的自然科学和社会科学方面的知识是无法真正理解课文的。如《死海不死》一文，课文虽短，但里面涉及的数学、化学、物理等方面的知识很多。如果自己不懂这些知识，就无法向学生解释清楚。因此我在读书时也经常读一些“无用”的书，尽量做到书到用时不恨少。特别是近几年的语文课本中出现了许多介绍新科技的文章，为了更好地做好自己的教学工作，我常常通过上网、报刊等方式来阅读一些这方面的文章。久而久之，我感觉到自己的大脑充实多了，给学生授课时游刃有余了。另外，读一些写地理、生物、风土人情等方面有关的作品，也使自己受益匪浅。

作为一名教师，特别是工作在一线的语文教师，只有多阅读，才能夯实自己的专业成长之路。

生活篇：接过教育的衣钵

人生有许多课业，错过了还可以弥补，可以重新再来，但有些课业错过就永远地错过了！一辈子都不可能弥补！它会给我们人生的一些重要时刻或重大事件留下可怕的空白，造成追悔莫及的遗憾。

身体是“革命的本钱”、家庭是“温馨的港湾”，这两道最基本的底线需要教师去防守去呵护，从而让自己的身体健康、家庭幸福，以此为保证，师德才不会畸形地高尚！教书育人才会真正动力十足！教师才能获得真正的幸福！

名利要看得清，才能不为名利所累；教研要保持活力，必须有一泓活水；教研要深入，方法要轻灵。

也许，班主任是世上最小的“官”，但同时又是最大的“官”。因为他影响着学生的终生，甚至间接掌握着学生的命运。班主任应该带领一群鲜活的生命，越过沼泽，战胜彷徨，坚强地走完人生的旅途。

不可错过的人生课业

山东省章丘市第七中学　程　刚

六月三日，我接到一个噩耗，徐小睿的爸爸，一位地矿局的工程师，在找矿作业中突遇塌方，不幸牺牲。小睿的妈妈因为丈夫常年在野外奔波，打熬不住，在小睿九岁的时候跟一位温州富商走了。相依为命的父子俩聚少离多，小睿寄宿学校，煞是不易。小睿特懂事，并没有因为家教的缺失而误入歧途，反而心里憋了一股奋发的力量，在学业上一直出类拔萃，这让我们大家都为他骄傲！

高考在即，学生的备考到了关键时刻，我担心这么大的家庭变故，小睿是否抗得住，他的家人对此也是顾虑重重，经过商量，我们决定封锁消息，待高考结束后再告诉他。

小睿是我们学校的尖子生，他高考的成败关乎学校和班级的荣誉。他爸爸生前希望他报考中国地质大学，接他的班，为国家找到更多能源矿藏。我们希望小睿报考清华大学地矿系，这样既可以实现父亲的夙愿，又能给学校带来更大的社会声誉。

秘密保守得很成功，一切都像什么也不曾发生。高考前夕，我对小睿说：“爸爸打电话来了，嘱咐你放稳心态，努力发挥，争取做高考状元！”我还煞有介事地拿出手机让小睿看我的电话记录，已接电话中果真有爸爸的号码。当然，这都是刻意安排好的。小睿问，爸爸为什么不打给我？我说爸爸在大山里作业，信号不好，经常打不通，又怕影响你上课，所以让老师代为关照你。我真怕小睿再问下去我会露出破绽，可是他没再追问，一脸平静地走了。我长长舒了一口气。

高考很顺利，小睿发挥得很稳定，我亲眼看到他每一场出来都是春风满面。成绩一公布，呵，小睿不负众望，果真夺了市理科状元！全校上下欢欣鼓舞，社会反响十分强烈。然而，我面临着一项艰难的任务：告诉小睿父亲的死讯。

我把小睿叫到我的办公室里，思忖良久，不知如何开口。小睿察觉到我的犹豫，异常平静地说："老师，您别犯难了，我早知道了，父亲牺牲了……我在校园里捡到一片报纸，看到上面有一则新闻，说地矿局三位同志在野外勘探时遇难。"

我惊愕地张大了嘴巴，大脑一片茫然："孩子，是真的？"小睿眼里淌出了泪水，但声音还是非常平静："嗯，我在被窝里哭了一夜，第二天努力使自己一如往常，幸好大家忙着复习，没人察觉。我明白你们是为我好，可是，这件事我永远不会原谅你们，也永远不会原谅自己！"

为什么？我折服于小睿超人的坚强，却迷惑于我们这么做的不可原谅。

高考失败了，明年可以从头再来；可是爸爸只有一个，永远也不会再来了……作为他生命中最重要的人，临终却未能送他一程，这将是我终生的遗憾，这是永远无法弥补的人生课业！我现在后悔当时没有坚持自己的想法，而是屈从了你们，不，是屈从了浮幻的虚名。小睿说完，起身鞠了一躬，抹把泪，走了。

我一个人坐在那儿沉思良久。是啊，人生如白驹过隙，倏忽而逝。我们只不过是大千世界的匆匆过客，真正在乎我们行程的，是最亲近我们的人。每个人只要修好自己的人生课业，活得比较自我，比较本色，就像随意的野花，虽不能香压群芳，但只要也赶上了自己的春天，也不枉在这世上走了一遭！

人生有许多课业，错过了还可以弥补，可以重新再来，但有些课业错过就永远地错过了！一辈子都不可能弥补！它会给我们人生的一些重要时刻或重大事件留下可怕的空白，造成追悔莫及的遗憾。

小睿没有按父亲的遗愿报考中国地质大学，也没有按学校的意图报清华大学，而是选择了省内一所部属大学，他说这样离父亲近点，可以常常去看他，父亲一定很想他。

集体“官”念

江苏省江都市樊川中心小学　范建斌

某校患有慢性咽炎的钱老师近日因为学生闹腾得厉害，嗓子嘶哑，话都说不出声，但仍坚持到班上课，没课时溜到医院挂水。同事们劝他休息，他始终不睬，也难怪，该评高级职称了，他像戴了一顶紧箍咒。校长知道此事后，很是感动，在全校教职工大会上对钱老师这种精神表扬了一番，号召大家学习。

像钱老师这样的事不在少数，教师工作的压力已经不小了，然而好多学校教师连休息时间都没有保障。有些学校教师一天的工作时间长达十几个小时。在许多学校，双休日对教师来说已是一种奢侈，甚至连寒暑假也被用来为学生补课。而国家规定职工每周工作日为五天，休息两天。老师想休息，而领导却不答应了，训话道：“牺牲个人一点休息时间，这是为集体作贡献……”也难怪，领导也难，他也有上级，还有上级的上级，向学校要质量。质量是什么，是分数，分数如何来，加班加点，题山题海。

加了班，补了课，理应得到不菲的报酬，其实不然，多数学校只是象征性地或者根本不支付教师的加班费。学校的管理制度与国家的基本法律相抵触，加班得不到补偿。老师想争得应有的辛苦钱，领导不舒服了，扔给你一个冷脸：“要分清‘大我’与‘小我’的关系，个人服从集体，要讲奉献。你们啊，一点集体观念都没有……”

诸如此类“轻伤不下火线”、“休息时间得不到保障”、“加班得不到补偿”的侵权问题，屡见不鲜，领导一人说了算，决策缺乏民主，权力失去监督，群众不能参与管理，因而也就难以保障自己的权利。更有甚者，“领导一怒制度出”，将一人的意志凌驾于法律之上。这使我想到个人与集体的关系。

何为集体？集体是个体组成的，每个百姓是集体的组成体。没有百姓就没有集体。不合理地侵犯其中个体的利益，就是无理侵犯了集体的利益。集体利益与个人利益同生共存。试想当个体都不愿或无力保护自己个体的利益时，集体利益还存在吗？当一个集体不能保护少数人的正当权利时，他同样不能保护多数人的利益。

君不见，员工轻伤不下火线，带病坚持工作，直到累倒，趴下。累倒，趴下，就是英雄。立即树立起典型，此乃“牺牲个人利益，服从集体利益”的标兵。殊不知，树这样的标兵干啥？身体是革命的本钱，身体、生命都不重要了，革命还有什么本钱？

现如今，倒是出现了“新型”的个人与集体的关系，咄咄怪事。集体是谁？在某些领导人的眼里，集体是官官相护的小集团，是凌驾于群众之上的，集体就是我一把手。关心集体，爱护集体就是对我一人效忠。我说了算，违背了的话，一个破坏集体的大帽子扣死你。

什么在作怪，官本位、专制遗毒是真凶，权利缺少制衡而滋生了诸多问题。

不要以这样的“集体”为荣。今天受到伤害的是我，明天受到伤害的可能就是你，受伤的总是集体中的大部分普通群众。这样的官本集体，念念不忘的是官位，打着“集体利益”的旗号，无视老百姓的存在，而群众个体只能“牺牲自己，顾全大局”，要这样的“集体”何用？

教师不该丢弃自己最基本的东西

四川省武胜县街子中学 符礼科

近日，笔者又见到一则《中学老师长期劳累猝死讲台千人泪别》的新闻报道，细读之，了解了事发那天的经过：下午 4 时许，某中学老师在办公室里说自己头晕脸发热，同事劝她回家休息，但她却说还要给孩子们讲题，下午 5 时 20 分，她在上课时晕倒了，临终前最后一句话是“你们一定要好好学习……”医生分析说，该老师的脑溢血与她长期劳累有直接关系。

最后一句“你们一定要好好学习”，该老师的敬业精神可歌可泣，“千人泪别”的场面也令人感动万分。然而，在钦佩和感动之余，该老师还带给同为教师的人们无比沉痛的心情，有这样一些评论：“无语!”“哀挽！工作重要，身体更重要！老师们一定要注意!”“应该为教师减负了!”“这是中国教师的可怜之处，更是可悲之处，愿她的灵魂进天堂!!!”……

让人深感惋惜的是：明明已经知道“自己头晕脸发热”，为什么不请假休息或者去看病而还要坚持去上课？学生的学习固然重要，但自己的生命更重要啊！为什么要长期劳累？“留得青山在，还怕没柴烧?”

一方面，教师不该丢弃自己健康的身体。

据了解体检的结果，不少教师的身体已经处于亚健康或不健康状态，这需要引起自己高度注意，一方面要通过药物治疗；一方面要积极参与身体锻炼。所有的教师都应保持一颗平常心，要舍得抛弃不必要的“利益和荣誉”，在工作中主动为自己“减压”。

社会已处于一个全新的时代，那种因病累倒在讲台、“舍生忘死”的工作作风并不实际，如果我们还“墨守成规”、固执己见，那么最后“受伤的总是自己”，除了得到一点点同情之外，什么都得不到。

一方面，教师不该丢弃家庭的幸福。

有这样一个教师，对学生高度负责，从参加工作起，近十年所教班级学生成绩每期都名列前茅。可恰巧在2008年临近中考那一段时间女儿生病了，为了班上学生考好，她无暇顾及女儿的病情。中考过了，女儿连续高烧七天才送进医院，病情最终控制下来了，但不幸的是女儿因持续高烧而永远听不到外面世界的声音了。可喜的是，她的学生们取得骄人的中考成绩。后来，在全市民主评选“十佳教师”时，该老师理所当然地被学校推荐为候选人。该老师的事迹一经宣传，感动了很多人，在与其他教师的竞选中，她所得选票也很符合人们意愿而高居第一。但是最终让人极其愤慨的是市里并没有把她评为“十佳教师”，在颁奖会上，主持人作了解释，该老师的所作所为确实让人万分感动，但是我们不提倡以牺牲自己女儿的终生幸福为代价……

读完这个故事，我开始也为该教师没有评上“十佳教师”而愤愤不平，但最后我也高度赞同市里所作的这个出人意料的决定。感情归感情、理智归理智，仔细揣摩，该教师的班级就是考“全国第一”，她所教的学生今后个个都是杰出的人才，也无法让她的女儿恢复正常的听力，这对一个原本身份正常的儿童是多么不公平、多么不公正啊！

我想，假如时光能够倒流，该教师会做出怎样的选择呢？

当一个好教师，就请先当一个好母亲、好妻子或者先当好一个好父亲、好丈夫，也尽力当好家庭的其他角色。否则，“好教师”的说服力不强！

身体是“革命的本钱”、家庭是“温馨的港湾”，这两道最基本的底线需要教师去防守去呵护，从而让自己的身体健康、家庭幸福，以此为保证，师德才不会畸形地高尚！教书育人才会真正动力十足！教师才能获得真正的幸福！

接过教育的衣钵

湖北省石首市文峰中学　刘　涛

父亲从事教育事业长达四十年，从普通教师逐步晋升到学校教导主任、校长、镇教育主管，这都是他退休以来一直在唠叨，引以为荣的人生历程。

前日回到老家，与父亲轻松交谈几句，发现昔日的威严，早已化作了浓浓的慈祥，不知是什么时候忽略了父亲的老迈，而逐入古稀之年了，这时的老人家眼神里充满睿智和豁达，似乎在此刻才真正发现。

“陶行知老先生早在半个多世纪之前，就批判中国的传统教育，而今天的教育又重新回到了应试教育的起点”。那副痛心疾首的悲壮神态，令我们全家十分担忧，父亲身患多病，尤其是严重的高血压，看上去红光满面，依伴一生的母亲早已知晓他老人家的耿直秉性。

我也只能从现实生活中痛悔，轻声安慰父亲：“您说人口众多的国度里，竞争形势越演越激烈，孩子们从小就能感受到竞争与生存的亲临体验，这也没有什么不好啊，再说从新世纪起步的新课程改革获得一定程度的成功，这是有目共睹的事实。”父亲听了这些言语，无奈的轻声叹息铸成教育理想的悲壮。

我初中毕业之后，依顺家里安排，就读于邻县中等师范学校，那时早已依稀知晓，父亲已经将教育职业的衣钵交给了我，已成不可更改的定局，两代人的抉择烙上了经济困境的家庭色彩。

父亲曾教我的初中化学课程，我理应得到嫡系的真传，父辈拥有执著、高效的敬业精神，却成为了我此生职业生涯不可跨越的一道高高巨峰。

教育职业领域里辛勤耕耘，获得学生家长与乡亲们的一致首肯，迫切需要有个改变自我的良好机遇。父亲永远本着扶人上马，送上一程的做法，教育世家成为当地的一段佳话，这时父亲已经让贤退居第二线。

一路感悟也在不经意中走过了教育生涯二十载，物欲横流的当今经济社会，作为中部地区的普通教师，每天要面对养家糊口的家庭责任，敏感体验物价飞涨的巨大经济压力，亟待寻求一个适应社会快速发展、解决职业困惑的生存空间，是我们的坚守，还是我们的无奈，继续着教书育人的教育人神圣职责，不得而知。

当初义无反顾积极参与教育科研，热衷教育写作，今日依然如故，行走在所谓教育专家和时代傻子的边缘。电视剧“风云人物”许三多经历了许多，走过来了，不抛弃，不放弃，也就成功了，或许教育写作需要有点永不放弃的许三多精神，许三多可以作为教育科研坚守者的形象代言人。

最早的教育作品正式发表始于2000年春天，当时轻松度过而立之年，富有青春活力，有一种精彩叫年轻，而今天的我人到中年一样也可以精彩，正在谱写刚刚到达人生中点的精彩篇章。教育职业性质决定我们总是在不停思考，不断品味教育成功的杰作，为不同层次学生的进步而高兴。教书育人是为我们的天职，需要不断进步才能适应新课程发展要求，数年的职业感悟需要我们用精彩的文笔表达出来。

今天荣幸成为九家省级教育刊物的特约作者，发表的教育作品刚刚超过一百篇。化学刊物有郑州《中学生学习报》、《中学生数理化》，太原《学习报》，长沙《中学生理化报》，武汉《初中生天地》，新课程刊物方面就有北京《新课程报》，长春《实践新课程》，德育刊物有太原《德育报》、武汉《湖北教育时政新闻》等。

2008年4月化学中考备考会执教《碳三角及其应用》获得荆州市优质课一等奖，本年度教师节被评为荆州市第四届“明星教师”。精心辅导学生参加化学竞赛，连续六年被评为“全国初中化学竞赛优秀辅导员”。这是教育职业生涯一次高峰期，更是对我教育工作成就的全面肯定，激励未来教育职业生涯更加发愤图强，成就远大的教育理想。

今天才真正理解当初的选择，这辈子的教育成就需要自己努力争取，早日成为专家型、科研型教学能手，谱写教育生涯的个人教育研究排行榜。只有这样依靠自己打拼自由、多元的职业天地，生活得才会更安逸，更踏实。

温馨的中秋佳节里，诚挚感谢父亲赋予我伟大的生命和永不言败的个性，敬重年近古稀的老父亲，送去迟到的问候。这是教育世家传承给我的正宗职业“衣钵”，不仅有教育职业道德的高深修养，而且要有参透人生的非凡眼光。

种植快乐

广州市天河区沙河镇上元岗大占角4巷2号　朱应召

谭木匠控股有限公司的企业理念是“诚实、劳动、快乐”，这是让人感动的三个词汇。《手工》杂志社主编蔡运彬在《谭木匠，值得尊敬的企业》一文中写到谭木匠在全国店长大会上，请来赏识教育专家周弘做讲座。谭木匠此举的深意是要让500多个店长，不仅快乐地经营，还要快乐地生活。

其实，我们所做的一切，都是为了让自己和家人、朋友能够更快乐，那么，如何才能得到快乐呢？

一个偶然的机会，我采访到了一位著名的心理学家，他告诉我：

“人的心灵是一片土地，在这片土地上播种什么，就会收获什么！所以，聪明的家长，应该学会在孩子的心灵里播种积极、健康、乐观、向上的种子！”

同时接受采访的还有著名的口吃矫正专家裘君茂先生，他从事口吃研究和矫治二十余年，创办的“天台速效口吃矫正班”创造了仅用五天时间就让口吃患者“旧貌换新颜”的奇迹，为全国众多的口吃患者解除了难言之隐。

裘君茂先生告诉笔者这样一个故事。

小时候，裘君茂的父亲在要他下田干活前，会先问他：“君茂啊，你想不想吃白面馒头？”“想！”裘君茂响亮地回答——他的童年，正是大米白面相当紧缺的年代，能吃上香喷喷的白面馒头，几乎是当时所有人的梦想。

“那好，跟我一起去种麦子吧，麦子长熟了，磨成面，就能吃上香喷喷的白面馒头了！”父亲说完，就带着农具，往田里走去。年幼的裘君茂就蹦蹦跳跳地跟在父亲身后，去地里干活：犁地、耙地、播种……每一道工序都干得兴致盎然、津津有味。

麦苗拱出地面后，看着绿油油的麦苗一天天长大，他的眼前似乎浮现出了刚出笼的热乎乎、香喷喷的馒头，因此，施肥、除草、收割时，不仅不觉得苦和累，还反而心里充满了不久就可以吃到白面馒头的快乐。

由于父亲在他的心田种下了“吃馒头”的向往和快乐，所以，在别的孩子觉得苦不堪言的农活面前，裘君茂不仅从来没有觉得苦和累，还反而因为高高兴兴地去做、做得更好而受到众多大人的夸奖，从而，奠定了他乐观、开朗的心境——虽然因为模仿他人患上了口吃，但是长大后，他却发明了口吃矫正器，创办了速效口吃矫正班，成了一个著名的口吃矫正专家。

诚如那位心理学家所言：“人的心灵是一片土地，在这片土地上播种什么，就会收获什么！”然而，在我们的现实生活中，却有许多父母意识不到这一点，从而有意无意地在孩子心中播下了负面、消极、悲观等不健康的种子，直接间接地影响了孩子的一生。

不少口吃患者都是因为小时候模仿或者偶然发生了口吃，父母声色俱厉，要求其不准口吃，并告诉孩子口吃不改正，以后会娶不到老婆、找不到工作……从而进一步加重了其对口吃的心理印象，因此变成口吃患者的。

事实上，父母的这种要求就是一颗不良的种子，它不停地提醒孩子是有口吃的，当孩子接受了这颗种子，开始为了不口吃而努力的时候，这颗种子就在孩子的心灵土地里生根发芽了，孩子越重视它，它就生长得越快、越茂盛，时间长了，就成为了口吃患者。

口吃方面如此，其他方面也是如此——裘君茂先生当年，之所以干那么重的农活不觉得苦，也不觉得累，很大程度上就是因为父亲在他的心田里播下了积极的种子，使他在种小麦的时候，就“看到”了雪白的馒头、“闻到”了馒头的香味。而有些父母，往往是通过打骂、体罚、不准吃饭等方式逼孩子按大人的意愿行事（比如学习、干家务等），但这种方式使孩子体验到的是痛苦的感觉，自然，在过程中带给孩子的感受就不可同日而语了。

阿里巴巴商务网站创始人马云的孩子，曾经一度沉迷于网络游戏而忽略了学习。这时候，马云不是要求孩子不准玩游戏，而是给了孩子200元钱，让他到网吧里去痛痛快快地玩，把钱玩完才回来，但是回来时要把玩游戏的真实感受总结出来。结果，三天后，孩子回来了，总结的结果是玩得头昏脑涨、腹中空空，实在太没意思了。从此，孩子戒掉了游戏，开始用功学习。

马云放开手脚，让孩子玩游戏，在游戏中体验自己的得失，而不是强加给孩子得失的观念。当孩子自己体验到了玩游戏的不良后果，不用家长强逼，就自己主动地戒掉游戏了。在这过程中，既没有打骂，也没有说教，有的只是平等的交流和沟通，孩子愉快地接受，也就是自然而然的事情了。

因此，为人父母者应该注意：孩子的心灵是片土地，在上面播种了什么样的种子，它就会生出什么样的芽，开出什么样的花，结出什么样的果——堵不如疏，无论是学习、做家务，还是生活中的其他方面，强逼孩子，不如引导孩子。在很多时候，一个馒头的作用，会胜过一顿拳脚、一支棍棒的管教。让孩子在馒头的香味中，以快乐的心境自然而然地接受家长的引导，是孩子最欢迎的方法，也是家长的最明智之举！

再回到谭木匠的企业理念上来，“诚实、劳动、快乐”的企业理念，就是在员工的心灵中种植快乐的种子——只要诚实地做人、勤奋地劳动，用自己的劳动换取美好的生活，就是一个快乐的人！

无疑，这样的人，是值得尊敬的，这样的企业也是值得尊敬的！愿更多的人能够通过谭木匠的理念，拥有“诚实、劳动、快乐”的人生！

孩子，爸爸想对你说

内蒙古扎兰屯林业学校　张金传

孩子，爸爸还清晰地记得教你学走路的趣事。陪你做游戏的一件件往事依然历历在目，仿佛就在昨天。时间在不知不觉中过得飞快，不经意间你已经长大了。不知什么时候，你的个头已经悄悄地追上了爸爸。当年那个千依百顺的乖儿子如今已经有了自己的主见，对爸爸的话不再言听计从。仔细想想也应该这样，你已经是初三的学生了，应该有自己的观点和看法了。爸爸在初三的时候，对你爷爷的话也没有百分之百地贯彻执行。

孩子，你已经长大了，爸爸希望你遇事有主见，办事有个性。你对爸爸、妈妈的话有不同观点的时候，我希望你能直接地表达出来，我不愿意看到你阳奉阴违。孩子，爸爸为了你人身的安全，一直反对你私自去大河玩耍。你为了让爸爸放心，也一再保证不去大河玩。孩子，你知道吗，因为爸爸的约束没能让你学会游泳，已经成了爸爸的一块心病。爸爸总觉得会游泳是人在关键时刻求生的一种本能，为此前天我去找你王叔想让他教你学游泳。想不到的是你王叔听完我的请求后，哈哈大笑起来，是他告诉我你游泳的水平已经炉火纯青了。孩子，你是什么时候学会游泳的呢？你不是和爸爸说你从来没有私自去过大河吗？爸爸上周陪你去大河玩耍的时候，你也只是乖巧地和爸爸在浅水区戏水，记得爸爸当时还和你说："你要是学会游泳就好了？"你还懂事地说："还是安全点好。"想不到你背着爸爸早就学会了游泳。昨天，我和你王叔一起带你来到大河边，看到你在水中劈波斩浪、进退自如的风采，我这个当爸爸的不知道是该高兴还是该生气。

孩子，你已经长大了，爸爸希望你能合理地制订学习计划，科学地安排学习时间。初三是学习的关键时期，爸爸希望你能按照计划有目的地进行学习，争取在中考中能有个好成绩。爸爸在学习上并没有强迫你，总想给你一个自主的空间，让你自由地发挥。你学习的时间长了，爸爸也劝你休息一会儿，要注意劳逸结合。孩子，你知道吗？那天爸爸为了寻找一块橡皮，在你书桌的底层发现了一本小说。当时爸爸犹豫了很久，又放了回去。记得爸爸当年初三的时候，在繁忙的学习之余，也曾偷看过课外读物。我想如果你只是偶尔看看，也不会影响到学习成绩。隔了一天，我又有意地查看了你的书桌，让我不愿意看到的一幕是你又更换了一本新的小说。孩子，初三的学习真的太紧张了。爸爸不反对你阅读课外读物，但我坚决地反对你为了偷看小说而打乱了学习计划。适当地阅读一些课外读物，有益于学习。但凡事皆有度，如果过度地沉迷于小说，那将会严重地影响到学习成绩。

孩子，你已经长大了，爸爸希望你有自己的朋友。每当你的手机响起的时候，你总是一把抓起手机急急忙忙地回到自己的小房间，关严了房间门才开始小声地对话。打完电话后，面对妈妈的疑问，你总是一脸轻松地说道："一个同学，没什么事。"孩子，你知道吗？每当这个时候，爸爸、妈妈总是满腹地疑问。我们甚至猜测："咱们的儿子是不是谈恋爱啦？"为此我还特意地找到你们的班主任"考证"过。"考证"结果比较乐观，你暂时还没有谈恋爱的迹象。可是我还是不明白，同学间的正常交往为什么非得要躲避自己的父母呢？

孩子，你已经长大了，爸爸希望你能乐于助人。可是在与你们班主任的沟通过程中，我听说你很自私，不愿意帮助同学。你的成绩在班级里数一数二，可是每当有学生找你问问题时，你总是以不会为借口加以推脱。孩子，爸爸知道你是觉得给别人讲题会耽误时间，从而影响到自己的成绩，所以你才不愿意帮助同学。可是，你想过没有，你在帮助别人的同时，其实就是在帮助你自己。当你给同学进行讲解时，你自己对知识不也进行了一次回顾和总结吗？助人为乐是中华民族的传统美德，我希望你能够继承这一传统美德。

孩子，你长大了，应该有自己的喜怒哀乐。所以，当你因为妈妈多说了你几句而"愤怒"时，爸爸能够理解。可是，妈妈在你的身上到底付出了多少爱，孩子，你都知道吗？你总是责怪妈妈唠叨，可是你能体会到这唠叨的背后凝聚的深深母爱吗？孩子，你知道早晨你摔门而去的背影在妈妈的心头留下的"痛"有多深吗？孩子，你长大了，你应该真诚地向妈妈说声"对不起"。

孩子，你长大了，已经不再围绕在父母的身边撒娇了。爸爸看到你一步步地走向成熟，心中无限地自豪。有时我在想，虽然我们朝夕相处，可是我的孩子到底在想什么，我有时真的不是很清楚。孩子，你长大了，爸爸、妈妈希望你能多和我们说说心里话，让我们能够真正地感受到自己的孩子正在健康地成长。

子非鱼

江西省奉新县第三中学　王纪金

我的同事张老师是个很有趣的人，他兴趣广泛，而且一旦爱上了某件事，那个痴迷劲啊，简直无人能及。

张老师和我同一年毕业分配到学校教书。刚参加工作那会儿，我和他都住在学校的单身宿舍里。

记得我和他曾一同去看了梁家辉主演的电影《棋王》，之后他对象棋产生了浓厚的兴趣。他买来了一大堆棋谱，一有空闲就把自己关在房间里研究。学校的工友老李在学校里象棋下得最好，张老师就时不时地找他切磋。张老师基本上没有赢过，老李就不太愿意和他下。而张老师总是央求他再下，还买了好烟、好茶来招待老李。他们有时一下就是整宿，老李曾经黑着眼睛摇摇头对我说："真拿张老师没办法"。后来有一回，我在一旁观战，第二盘，张老师竟然以微弱的优势赢了老李。张老师站起身来，感叹地说："不下了，我看已经到极致了。"

不久，张老师爱上了唱歌，美声唱法。本来，他的嗓音就比较浑厚，他觉得自己底子好，可以修行一番。于是他找到了教音乐的小蔚老师，非要她教他如何发声。小蔚老师就在办公室里随便指点了一下，并且给了他一本专业书。他如获至宝，潜心练习。每天天不亮在离学校不远的小树林里吊嗓子，有时到了夜深人静了，他也会忽然来几嗓子，最大的受害者就是住在隔壁的我了。我有点恼恨地问他说："你活得累不累啊？"他嘿嘿一笑说："累？子非鱼，焉知鱼之乐？"后来在全县的卡拉 OK 大赛上，他竟然还得了个小奖。得奖后他却很淡然。

过后他又迷上了很多东西，比如乒乓球、朗诵、书法、小提琴等等。特别是小提琴，因为在小县城找不到好的指导老师，他特意到200里地远的省城南昌请了个老师教，每个星期去一次，坚持了四个多月。我又问了他一个傻瓜问题：“你不累吗？”他说：“子非鱼，焉知鱼之乐？”张老师练小提琴最大的收获，就是追到了我们的校花级老师小蔚老师，我们都歆羡不已。那时小蔚老师也是每周到南昌去进修声乐。张老师说：“我并不是因为追小蔚才去南昌学小提琴的。”但是好像没有多少人信他。

几年过去了，我们各自成家了，在县城买了房子，在一起交流的时间少了。但是他痴迷古钱币、篆刻、写博客的事情还是会经常传到我们耳朵里。他曾经花了2000元钱买了一个仿古钱币，弄得小蔚跟他闹了好一阵离婚。

去年的一天，他找到我说：“哥们，以前我见过你有几本厚黑学方面的书，借我看看。”我笑着说：“怎么迷上厚黑学了，是想做官还是做生意？”张老师说：“什么都不是，是想哄老婆开心！她要我参加学校中层干部竞选呢！”我说：“你也太早了点吧，等选上后再看也不迟啊？”张老师说：“哥们你还不知道我么？我压根不是那块料，对竞选我一点兴趣也没有。只是小蔚老说我不求上进，非要我参加不可。我怕竞选演讲时开不了口，这不想先看书找个方法把脸皮练厚些么？”我听后哈哈大笑起来。最后，张老师到底还是没参加中层干部竞选。

小蔚说张老师不求上进是不应该的，曾经我对他的理解也偏差了。张老师的多才多艺，赢得了学生们的喜欢，教学成绩相当不错。张老师在我们学校可以说是个“荣誉大户”，每年学校、县里甚至市里举办的各种比赛活动当中，总能看到他的身影，荣誉证书也是每年一大摞，奖金也不少。

前不久，他参加县里举办的优质课大赛，一堂苏东坡的豪放词鉴赏课，他讲的是恣肆潇洒、妙趣横生。他展示了收集到的苏东坡的书法拓本，他慷慨而又深情地吟诵了《赤壁怀古》，他用浑厚的嗓音唱了谱曲后的东坡词，讲解中还渗透了简单的棋道和佛理。这堂课不仅学生们听得如醉如痴，听课的老师们也兴致盎然，教室里时不时掌声雷动，结束时赢得满堂喝彩。后来大赛的结果是——张老师一举夺魁。

子非鱼，焉知鱼之乐？我似乎明白了一些。如果说教育是一架马车，在车内看见路旁的鲜花，我们不妨欣赏一番，采上几朵，这些花朵也会扮靓整个马车的。

下山哲学

江苏省常州新桥中学　刘　成

今年暑假，我和爱人带着4岁的女儿与同事一块儿到黄山旅游。下山的时候，同事和导游都力劝我们坐索道，理由很充足，一是小孩太小，下山不方便；二是我的腿曾因髌骨骨折动过手术，钢丝至今还在里面，下山比较危险。但是，我和妻子最终还是决定走下山去。

刚开始的一段路，我们还能跟得上大家。慢慢的，一个个同事打着“慢慢来，我们先走了”的招呼，越过我们，沿着七曲八折的山路，迅速地在我们眼里消失了。

我和妻子轮流抱着小孩，一步台阶一步台阶地下。没过多久，我就有了想休息一下的念头了。妻子先开了口：“歇一会儿吧。”这时，我又想起了几年前下华山的情形。

那时我还没结婚，腿也没受伤，是一个年轻力壮的小伙儿。一开始我是跑着下山的，立刻就把大队人马远远地抛在了身后，直至看不见他们了，我才坐在路边石头上一边休息一边等待。等到同伴们赶上来了，我又迈开大步，三步并作两步走，同伴们一下子又被我甩开了，于是我又坐下来等。就这样，一会儿奔走一会儿歇息，慢慢地，腿有点不听使唤了，沉重得如磐石，坐下去容易再站起来就难了。最后，连老头老太太都走到了我前面。那次，我是最后一个到达山下的人。

想到这里，我对妻子说："万万不能歇气，否则，今天我们可能就下不去了。"

我们轮换着抱小孩，咬着牙，一步一级阶梯，慢慢地不停地走着，走着……

不知道走了多长时间，我们终于追赶上了几位同事，他们坐在石凳上休息，而我们却并没有停下脚步。没过多久，我们又赶上了几位同事。见到我们，他们大吃一惊："你们好快呀！我们歇了几回，现在走不动了。"我们依旧没有停下来，也没有走不动了的感觉，相反，倒觉得越走越轻松了，腿并不如刚开始那般酸疼。我们不时地超越了一个又一个曾在我们前面的人，下到山下的时候才惊讶地发现，我们竟然是最快的。

其实，我们的速度并不快，关键是我们不曾有片刻的停顿歇息。正是这种不间断的行进，才使我们越走越轻松，并在困难的情况下比别人早一步到达目的地。

漫漫人生恰如弯弯山路，今日紧连着明日，每一天有每一天要走的路。长途跋涉不在于速度的快慢，而在于恒心的有无。纵使你在意志昂扬、激情澎湃的时候箭步如飞，一天走了两天的路，但如果缺乏持之以恒的毅力，惰性滋生，一曝十寒，那么，你的人生之路就会越来越崎岖坎坷，因而越走越艰难，越走越慢，甚至望而却步，停滞不前了。

人生就是一连串永不停顿的奔波，就像歌曲《三百六十五里路》里所唱的那样："抖落一地的尘土，踏上遥远的路途，满怀痴情追求我的梦想，三百六十五日年年的度过，过一日行一程……"过一日行一程，永不停顿，相信路会越来越平坦明亮，我们也会越走越轻快幸福！

我的奶酪我的梦

山东省沂源县实验中学　崔现龙

我漫步街巷，留恋于斜阳碧草，徜徉于书海世界。一本柔软的名著像叶子一样飘落在我眼前，醒目的正楷字“平凡的世界”赫然倒映在封面浅浅的湖面上。翻阅数天，掩卷沉思，主人公少平少安兄弟俩的身影在眼前若隐若现，他们的话语遥远又熟悉地响在耳畔。

兄弟俩虽然身躯瘦弱，但居安思危，摆脱了世俗的羁绊，在别人的嘲讽中独自忍受贫穷之苦，独自咽下那困难挫折重压下的涩涩的苦楚，敢于开拓创新，寻找新的奶酪。少平在生活的绝望边缘也不忘学习，不忘阅读，在书的海洋中如饥似渴，贪婪地吮吸知识的甘露。书让他学会了坚强，学会了要自立，学会了要挺下去。也许，他们的可爱正在此，在无助时踯躅行走，在艰辛中坚忍不拔，生命的价值在他们身上得以升华。是的，没有一往直前和破釜沉舟的精神，何谈成功的垂青和厚爱？他们的精神着实让我感动不已，这不正值得我学习吗？

我是一名教师，虽然没有惊天动地的事迹，没有声名显赫的功勋，但有了一份心灵上的安慰和无悔的奉献，找到了一个温馨的避风港湾。看，孩子手中那精美的贺卡记载着对老师缕缕祝福，孩子的一封封书信沉淀着一份份至深的思念，孩子面对大学录取通知书露出的笑容表达了一份对老师的衷心感激，我感到惬意和幸福。

学生梦影家境贫困，父亲早逝，母亲有病，生活非常艰难。由于生活的艰辛，她变得不再开朗了，学习成绩有所下降。我找了几个学生一块和她谈心，一起读那本影响我命运的名著《平凡的世界》。读完后谈体会，她说敬佩少平少安的坚强和勇敢，自己要勇敢地去面对生活，哪怕有多难多险。经过我和同学们的帮扶，她走出了生活和精神的困境。已经职院毕业的她来信说：谢谢您让我读书读生活，我已从过去的阴影中走出来了，我要坚强！永远坚强！一本著作竟改变了我和她的命运。

如今书皮变得灰白的《平凡的世界》像天边飘来的一朵云，轻轻挪移，一页页轻轻掀开，我就像那扉面上的那只蝴蝶，掠过鲜艳的花朵，飞过丛林，穿过溪流，在书的世界里穿梭，在书的海洋上空飞翔。一片白云轻轻飘来，夕阳碧草已成往事，而那段脍炙人口的话语却永远篆刻在我记忆的深处："我们出身于贫困的农民家庭——永远不要鄙薄我们的出身，它给我们带来的好处将一生受用不尽；但我们一定要从我们出身的局限中解脱出来，从意识上彻底背叛农民的狭隘性，追求更高的生活意义。首先要自强自立，勇敢地面对我们不熟悉的世界。不要怕苦难！如果能深刻理解苦难，苦难就会给人带来崇高感。"

我要像少平一样勇敢地去面对生活中的种种挫折和挑战，找寻我生活中的属于我的奶酪，追求我的人生梦，做一个坚强的人。

绝对服从的幸福

江苏省金坛市尧塘中心小学　程建华

明天就是我和妻子的结婚纪念日。晚上，妻子问我，今年准备送她什么礼物？我还没来得及回答，她却低声地说，明天低着头走路，哪怕捡支残花带回家，可千万不要空着两手哟。话都说到这份上了，我再不上心，行么？

翌日清晨，到了办公室，我让女同事帮我出出主意，到底送些什么好。她们就打趣我，说校园里正开着月季花，随便采一朵交差，保你回去不挨刮。又说，光秃秃的一枝月季还不行，要找包装纸和彩带捆扎，显得郑重其事，那就不仅不会挨批，还能受到特别优待呢。她们你一言，我一语，说得神采飞扬，我只有苦笑。

一天忙忙碌碌，偏偏把买礼物的事给忘了，到了家，我仍两手空空。妻子、女儿还没有回来，一样东西没买，本身理亏，再不置办晚饭，那就罪加一等了。赶忙动手烧饭，系上围裙正洗菜，这时手机响了，是妻子发来的短信。她在信中说：礼物想必已经到家了吧，请问，你送的是什么？我急得直搓手，该怎么回话呢？

擦干湿漉漉的手，灵感也来了，一骨碌，给妻子回了三条短信。心想，这回，总该心满意足了吧。

她们回家时，饭菜也端上了桌子，菜是菜，汤是汤，煞是喜庆。但妻子的脸阴沉着。这时女儿朝我使眼色，并偷偷对我说，今天特殊，别惹妈妈生气。我使劲儿点点头，一边往妻子的碗里夹菜，一边陪着“谄媚”。她头也不抬，话冷冰冰的，透着春天的一丝寒意：“为什么几年来都是老一套？”

我堆着笑说：“谁说没变化？多了两个字，多了两条短信，也因此，多付了两角钱。”

顺便插一句，以前的纪念日她问我送什么？我无一例外地回，一个字：人。而这次，与众不同，我发的是三个字，分三次发，一次一字，分别是：大，活，人。

“亏你说得出口，狡辩什么，还不是一回事么？”

说着，她高高扬起筷子，做出要鞭打我的动作，我配合地躲开了。倏地，烟消雾散，她笑了，女儿笑了，我们都笑了。

“风波”有惊无险地过去了。却免不了对我一番谆谆“教导”。她也是老师，有好为人师的职业病。她告诉我，在这样特殊的日子里，她办公室公认的第一号男人，是早上起床先献花，外加八百元的红包一个，让老婆自由支配买礼物，到了晚上，还挑个环境幽雅的酒店，听着浪漫的音乐，享受着甜美的烛光晚餐。接着她又说：二号男人是同事某某某，买两千元的美容卡给太太，说是保养皮肤，永驻青春……

据说，这是她们在办公室里早就约定好的，到时给丈夫好好上一课。我却听着灰心，一没那个闲心，二没那个闲钱，动辄成百上千，到哪里挪凑？对她的一通“鼓吹”，我基本上给她一只耳朵，这边进那边出，再说明年的事，到明年再说呗。

放下碗筷，我进了卧室，打开电视想休息一会儿。这是我多年的一个习惯，听电视时，顺便小憩几分钟。女儿蹑手蹑脚地跟了进来，轻声地对我说：“爸爸，你还有一件事没做。”我问是什么，她斩钉截铁地说：“还有什么，当然是洗碗啊！”

一语点醒梦中人，我这才恍然大悟，非常日子，这碗筷就不必劳驾老婆了，还是老老实实自己动手吧。想到这，我赶紧翻身坐起，直奔厨房。

铁观音里的教育人生

福建省安溪县教师进修学校　林润生

我的家乡安溪，漫山遍野都是绿油油的铁观音茶树。它们把根细细密密地扎根于大地，吸收着天地日月的精华，再经过各种加工，在淡而无味的水中复活奉献。从青年时代起，铁观音茶就与我相伴一路走来，不仅给我带来生活上的乐趣，而且启迪我感悟人生、感悟教育。

铁观音茶树生长之道的启示

1970年底，师范毕业后劳动了两年，我才得以被分派到一所边远的山村小学的一个复式分班任教。分班位于高山上的一个小村落，那里终年云雾缭绕，交通极不方便，生活条件十分艰苦。教室借用的是一座破旧民宅的两间房子，旁边还是牛棚。地理环境的闭塞，以及分配前夕学习班的遭遇，使我情绪非常低落。

分配到学校任教前先被安排到毛泽东思想学习班学习一个月。当时，党中央正在号召学哲学，要求一分为二看问题。1970年11月的一天下午小组讨论，学习班的一个领导下到我们组，要求我们一个个按顺序发言。轮到我时，我说出了心中的疑惑：现在都说毛泽东思想是当代马克思主义的顶峰，既然是顶峰，要不要发展，怎样发展啊？那位领导一听，脸就黑了下来，我知道自己可能闯了祸。第二天早上，学习班突然召开全体学员会议，县革委会主任亲自到会讲话。他强调要端正学风，不要钻牛角尖，不要去犯政治错误。他说，有的学员提出毛泽东思想要不要再发展的问题，毛泽东思想当然要发展，至于怎样发展，那是后人的事。我们小组的人都说这个学员大会是为我一个人开的。我忐忑不安的心情持续了好几天，学习班结束后，我就这样来到了这里。

在心情苦闷的时候，我会到山上走走，仰望天空和痴痴地看满山的绿色。有一天，看到满山的茶树焕发着的勃勃生机，突然间有了莫名的感动。不就是相对比较贫瘠的红壤，相对低温、高湿和多云雾的高海拔气候，才导致芽叶生长缓慢，才使得铁观音茶更富有营养、香味更为浓郁吗？我的心情顿时豁然开朗起来，联想起孟子的“天将降大任于斯人……”的语句，心情渐渐趋于平静。我逐渐把心思用到教学中来。我是1965年进入师范学院学习的，1966年6月就“停课闹革命”了，虽然停课期间偷偷读了不少书，但对小学的教材教法，却基本上没有接触过。怎么办呢？不懂就学吧，我经常到山下找老教师借这方面的书，虽然素昧平生，但他们在稍作犹豫后还是会把书借给我；放假回家我也总会去找我的老师借书。我教的是二、四年级的复式班，就这样边学边教，摸索语文、数学、音乐、美术等学科的教学方法。

在林场小学，我一待就是11年。在这11年里，山民顽强的生存意识激励着我；生活的艰苦磨炼着我；家长对教育的渴望鞭策着我；家长的关心呵护感动着我，他们哪怕是过一个很平常的节日，有点好吃的第一个想到的会是我。

后来我才渐渐体会到这11年的人生意义。这11年，使我懂得什么是顽强的生命力，什么是农村教育的现实，知道农村教育最需要什么。没有这11年的积淀，就可能没有我后来的发展。

铁观音茶叶成品之道的启示

有了优质的铁观音茶芽，要制成香韵俱佳的上乘香茗，还需要经过复杂的采制过程，即鲜叶采摘→晒青→凉青→摇（凉）青→炒青→揉捻（速包）→初烘→包揉→复烘→复包揉→烘干等四个阶段十一道工序，其中包括“晒青→凉青→摇（凉）青→炒青”的做青阶段要求最为严谨，技术性更高。制茶师水平的高低就体现在这里。从制茶我感悟到，一个老师有了好的资质，要实现专业化成长，也需要有名师或专家的规范性指导，需要他们的打造。我期待与名师和专家的不期而遇。

1981年，我回到家乡的案山中心小学任教。这是一所人文底蕴非常深厚的小学。我遇到了李汉志老师，他是人民教师奖章的荣获者，对农村教育有着特别深入的研究。在他的指导下，我在班级进行班集体培养的实验与学生语文自学能力的培养的实验。

关于学生自学能力的培养，当时可以借鉴的材料还不多。我们是在一点一滴的探索中前进的。比如，影响学生自学能力的有哪些因素、这些因素是怎样影响学生的自学能力的形成的？在探索中，我们逐渐认识到是学生的学习兴趣的培养至关重要，假如学生不乐意学习，又怎样能形成自学能力呢？我们逐渐认识到，思维能力的培养是自学能力的核心，离开思维能力的培养，自学能力的形成只能是无源之水。因此，当时我们就尝试从课文里发掘兴趣因素，创设能引发学生学习兴趣的课堂情境。后来才知道，原来我们尝试的是情境教学；后来，我们才更清楚知道，教学的要义就在于“为思维而教”。

两年后，我们的教学实验的效果得到了检验。1983 年县小学毕业统考，我班语文成绩不仅名列全县第一，还高出全县语文平均分 20 分。我班的学生是赢在了能力。当年的作文考题是“我和我的老师”，对学生思维能力的要求高，其他学校很多同学因为抓不住题眼“和”而写成“我的老师”，而我班同学因为平时思维能力得到有效训练，都能抓住“和”字选材，把“我”和“老师”联系起来作文。那是整个社会在抓纲治国、学校大抓学习质量的年代，我的努力自然受到青睐。就这样，我在李汉志老师的指导下，实现了专业化成长的第一次跨越。

我的专业化成长的第二次跨越是在 2000 年以后。2000 ~ 2002 年，我五次到北京，参加人教社九年义务教育小学语文教科书与教师教学用书的大修订工作，有机会和人教社教材编写专家、各省来的老专家一起工作。人教社小语专家如崔峦、蒯福棣、陈先云、孟令全、张德平，各省老专家如山东的朱敬本、浙江的王月林、湖南的李中璋、黑龙江的秦锡纯、四川的吕谦、福建的张肇炜，他们渊博的知识、严谨的治学态度、独特的思维方式，以及从善如流的精神，都在熏陶感染着我。

在修订教材的过程中，我学会了从课程视野去看问题，比如，原教材中的重点训练，根据删繁就简的原则，要保留哪些训练、删除哪些训练，依据是什么？比如，随课文安排的思考练习题，如何根据学段目标、“人文性与工具性相统一”的原则、课文特点，来统筹安排知识点的设置和呈现方式？这些都必须从课程价值去做考虑。

在修订教材的过程中，我增强了课程自觉。对课改中出现的一些现象，即使是一片叫好声，我也会审慎地去思考，而绝不跟着起哄。比如，窦桂梅老师的《晏子使楚》、《圆明园的毁灭》的课例，媒体的宣传是无一例外的一片喝彩。从课程论的视野，我认为窦老师的这两个课例存在教学目标的失度、教学内容的失限与语文学习的失底等现象，虽然我非常敬重窦老师，但鉴于她的巨大影响，我觉得对她课例的不足还是要提出来探讨，由此撰写了《评窦桂梅老师的两个课例》，从课例的课堂特征、课堂本质以及教学思想溯源等三个方面，对这两个课例进行深入剖析，文章发表后引起广泛的关注。又如，对课改以来出现的各种加了定语的语文，比如，“本色语文”“简单语文”“诗意语文”“情智语文”“儿童语文”“心根语文”“生活语文”等，尽管它们的出现背景不尽相同，但我认为，对加了定语的语文宣传力度的不断加大，更多的是媒体的需要，而不是语文教学本身，因此，我撰写了《洗尽铅华还本真——略论加定语的语文》，对各种加了定语的语文的现象进入深入的剖析，并提醒老师们注意：“……值得警醒的是，我们一些老师急功近利，在众多的语文提法面前心存浮躁。表现在，一是不加深入研究，盲目模仿，结果是邯郸学步；二是有的老师，没有深厚的学术素养，也不找学理依据，也急于喊出个口号，追求轰动效应。这都不是教师应有的学风。事实上，无论是斯霞还是霍懋征，无论是袁瑢还是李吉林，无论是靳家彦还是贾志敏，他们都是经过了长期的深入的大量的实践，才提出自己的教学主张，那些主张是符合教学规律的，是经得住检验的。而那些主张并没有什么定语限制，即便是情境教学，也不是变成‘情境语文’，即便是‘导读法’，也只是限定在一个教学模式上。因此，我们的教师真应当虚心学习前辈的治学精神。”

"'洗尽铅华始见真'，去掉语文身上的各款定语，还语文教学以本真，语文就是语文，以语文教学为研究对象，并以语文为前提，研究语文教学的智慧、诗意、策略、方法。"

铁观音茶冲泡用水之道的启示

铁观音茶作为一种饮料，其饮用价值是通过水的溶解而实现的，因此水的优劣直接影响茶汤的质量。安溪铁观音对泡茶用水的选择，归纳起来是两条标准：一是水质；二是水味。水质包括三个方面，即要求"清、活、轻"。清是对浊而言，要求水澄之无垢，搅之不浊；活是对死而言，要求有源有流，不是静止的死水；轻是对重而言，好水质地轻，浮于上，劣水质地重，沉于下。适合泡铁观音茶的水，才能把它的独特韵味发挥到极致。

在最近的20年里，铁观音用水的"清"、"活"、"轻"，给我的教研生涯更多的启示，使我对人生，对语文教学教研有了更多的感悟。

一、名利要看得清，才能不为名利所累。

记得是1994年，我评上小学特级教师、同年参评小中高，年底教育局还推荐我参评"县优秀拔尖人才"。一年之间，名利双收，正当我多少有些陶醉的时候，有人问我，"今后你还要评什么?"

"今后你还要评什么"，在冲泡铁观音茶时，那清凌凌的水好像在启示我，人生在于"清"，不要被名利所累，才能把自己的潜能发挥出来。作为教师，一个人同时拥有特级教师的称号和高级职称已经足矣，不要再去追求"评什么"，应该专注于我自己喜欢的小学语文教育研究，多年来我不就是从语文中找到快乐而荣誉和职称不过是意外收获吗？不久，我读到一首外国《七十抒怀》的小诗，"我不与人争，输赢皆不值，我以我手烘我手，火灭了，我起身就走"，那种豁达的人生态度更使我如醍醐灌顶，一直勉励我远离名利之累。

后来的十多年，我几次谢绝领导的好意，不再参评什么“优秀”“先进”。工作四十年，除了特级教师称号，我最高荣誉是1985年评的地区“先进教育工作者”。2000年参加人教版教材修订以后，邀我编写教辅的也多了起来，我也是一一谢绝。

没有虚名的困扰，拒绝金钱的诱惑，我把心思放在读书思考上。我涉猎的知识面越来越宽、从文学、教育学、心理学到哲学、社会学、美学；从国内现当代文学到外国诺贝尔文学奖作品，都有所涉猎，对小学语文课程的研究也有了一定的深度。从1994～2000年，我陆续有更有新意和深度的文章发表，并取得很好的反响，比如《让课堂“活出生命的意义”》，我县有很多老师能顺口背诵出文中的语句，“对大多数学生来说，长大了成为普通人的居多。因此，老师不必刻意去追求要使学生怎么发展，而必须遵循人才的成长规律，是小草就让它装饰大地，是参天大树就让它长成栋梁之才。在这个前提下，才研究如何指导学生。一是要引导学生爱学；二是要指导学生逐步学会学习；三是要使学生逐步认识到‘一切事物的真正价值在于获得它时所付出的辛苦劳动’，而刻苦学习，勤奋学习，从而在困难的磨砺下去实现它人生的价值”，文中所蕴含的顺应儿童天性教育的思想深得老师的喜欢；又如，《作文教学实施素质教育的五个问题》，2000年见到人教社蒯福棣先生，一见面她就说我的《作文教学实施素质教育的五个问题》写得很有见地；再如，《美在和谐》一文，被不少文章引用。

二、教研要保持活力，必须有一泓活水。

教研的活水，首先来自不停的读书思考。1988年秋季，我调到教师进修学校任小学语文教研员，自己的教育人生翻开了新的一页。从1988到1994六年间，我只身在县城，每天晚上都早早地坐在教研室，一直读书到深夜。我当时的目标是翻遍1981～1994年的教研室订阅的五六十种杂志，并按专题做摘录。

随着杂志的阅读，视野也在不断开阔。对自己今后的研究方向，也渐渐清晰起来，我要把心理学在阅读教学和作文教学的运用作为今后一个时期的研究目标。后来的二十年，不管是自己的研究，还是分析、借鉴别人的研究成果，我都注重寻找心理学的学理依据。20年来，我先后读过潘菽的《教育心理学》、美国奥苏贝尔《教育心理学》、邵郊《生理心理学》、美国杜舒尔茨的《应用心理学》、林崇德的《小学生心理学》和苏联雅科布松的《情感心理学》等。在确定研究方向后，除了重点精读几部专著，我还广泛涉猎哲学、文学、美学、课程论方面的书籍。

教研的活水，更来自课题实验的深入。学习课题实验研究，始于1995年，那年我县侨办学校慈山学校校主李尚大先生联系中央教科所，给学校引进吕敬先研究员主持的“农村小学生语文能力发展”的课题成果，我参与了移植实验成果的再实验。在实验中，我不仅充分认识大量读写对小学生语文能力发展的意义，掌握了促进农村小学生语文能力发展的策略与方法，更重要的是学到了课题实验研究的规范的方法。

之后，我自觉地组织我县的课题实验研究。1999年，与实验小学课题组一起，探索“小学生语文能力科学评价”的课题实验；2002年，与第三实验小学课题组一起，探索“小学生习作自由表达指导”的实验，实验成果都被全国小语会评为一等奖。

三、教研要深入，方法要轻灵。

教研要深入，必须改变非此即彼的二元对立思维方式，要学会复杂思维和关系思维。2003年，课改已经实施两年，课改遇到的深层问题，也逐渐暴露出来。是正视问题还是一味地唱赞歌？我选择了前者，从课程论的角度对语文课改做了深入的反思，《关于实践〈语文课程标准〉的理性思考》也终得发表。在这篇文章里，我针对课改实践中的误区，旗帜鲜明地提出：要坚持人文性与工具性的统一，防止人文性的泛化；要坚持大语文教育观，防止主要课程资源的泛化；要坚持教学目标与教学策略的统一，防止二者的分离，特别是阅读目标与阅读策略的分离，写作目标与指导策略的分离等。这篇文章，有幸被北大中文论坛“语文教育”专栏收入“当前语文教育的几个官方文件”的文件夹中。

换个角度看问题，对于课题实验眼睛不能只盯在取得的成果上，其实，发现问题更重要，它可以使课题实验更加深入。比如，“小学生自由习作指导”的课题，总结儿童写作兴趣的激发的经验和自由习作表达指导的策略与方法固然重要，但发现课题实验中存在的对儿童认知特点制约性的忽视等现象，并寻找解决的办法，更有助于提高习作指导的有效性。

几十年来，我喜欢铁观音，享用铁观音，感恩铁观音。《人民教育》“名师栏目”向我约稿，我自知不是名师，但教师的天性使我乐于把自己对铁观音的感悟与大家分享。当我们在品味铁观音神韵的时候，教育智慧也在悄然而生。

我没有朋友

山东省青州北关初中　陈孝花

“找啊找啊找朋友，找到一个好朋友，敬个礼，握握手，你是我的好朋友。”记得在幼儿园我们就唱着这歌找朋友，可是今天，一个 14 岁的男孩子却告诉我：“我没有朋友。”

他的朋友在哪里

下午刚上班，值班老师就来告诉我：我班李的姐姐，带了好几个人来学校，非要见识见识李的同桌韩，被值班老师拦住了。她说韩跟李要 50 元钱，还经常欺负他，而且韩还跟其他同学要过钱。我一听这还了得，赶紧问李到底是怎么回事。李说："放学时他让我明天带20元钱。说要是不带来就打我。"

"多少钱？20还是50？"我反问一句。李说："20。"看来李撒谎了，虚报了30元。

我问韩："为什么跟李要钱？"韩有点害怕地看我一眼："他把我眼镜压坏了一个镜片，我让他拿20元钱来修眼镜。"我问他有没有告诉李这20元钱是为了修眼镜，韩说没有。看来这就是问题的所在，韩没说清楚这20元用来干什么。我提醒他们以后有了类似这样牵扯到金钱的问题最好先跟老师沟通解决。

我继续问李："韩经常打你吗？"他点点头。问韩为什么打他，韩很着急地辩解道："上课他老碰我胳膊，跟我说话，我生气了就打他。我没使劲的，有时候是跟他闹着玩的。"

我问李有没有打过韩，他说也打过。我再问："你们两个是好朋友吗？"韩立刻说"是"，而李却说"不是。"

"不是？"我问李："你跟我们班哪个同学是朋友？"

"我没有朋友。"李慢吞吞地说。我大吃一惊，一个14岁的孩子，在一个60多人的班级中，竟然没有一个朋友。他为什么会有这种感觉呢？

他的同学这样对待他

记得第一次表扬李"作业写得认真"时，全班同学哄堂大笑，非常放肆地大笑。当时我有点恼火地问："笑什么？不相信是吗？那就让我们一起看看。"我举了李的作业给大家看，字的确写得很工整，可我看到的是仍旧同学们揶揄的眼神。

更让我气愤的还在后面，有一次，李没记住课文，我问他什么时候记住时，有同学高声喊了一句："明年"，然后我看到了张张不屑的笑脸。

他的同学，与之同窗共读的同学，竟然这么肆无忌惮地嘲笑他，伤害他，他怎能不伤心？他还能把谁当做自己的朋友？

而他们，为什么敢这么残酷地对待自己本该是朋友的同龄人？

他是个“特权生”

李是我们班唯一一个没有考试成绩的孩子。据上学期教过他的老师介绍：他上课睡觉，作业从来不交，一直独自待在教室后面的角落里，而且从来没有考试成绩。来到我们班，我发现他写字速度极慢（其他同学写一张纸，他只能写三分之一），说话吞吞吐吐，语速极慢，上课无精打采。好在字写得还算认真，日记也能写通顺。上次在我们班听数学课，我就坐在他旁边，他竟然迷迷糊糊睡着了。我轻轻拍拍他，提醒他好几次，过一会儿一看他，居然又睡着了。下课找他谈话，他眼巴巴地看着我说：“我听不懂。”我问：“一点也听不懂吗？”他点点头。对他来说，课堂45分钟根本就是一种煎熬。

面对这样的一个孩子，我们将他放在角落里，因为他的成绩差而忽略不计。我们之所以给予他这种种“优待”，是因为我们的眼睛紧紧盯住分数不放。我们就这么轻易地放弃了他。当一个学生在老师眼里可有可无的时候，他在同学的眼里还能维持什么形象？受到这样“优待”的一个孩子，他来到学校，还有什么尊严和快乐而言？

一个在学校没有朋友的孩子，家长有没有助他一臂之力呢？

审视姐姐的做法

李的姐姐没有跟老师沟通，只偏听孩子的一面之词，就兴师动众来找人打架，这种方式极不可取。因为孩子在交往过程中产生摩擦是很正常的事情。有了摩擦家里人采用这种方式，一是不利于事情的解决，二是助长孩子的坏习气。今天中午，如果没有值班老师的极力阻拦，后果将不堪设想。

跟姐姐沟通时，当姐姐的也知道自己的弟弟性格内向。明知道弟弟不爱跟人交往，就应该引导、帮助他多交朋友。因为在孩子的成长过程中，朋友占有极为重要的地位。家长无论如何也代替不了朋友的位置。如果一个孩子有了高兴事没人分享，有了痛苦也没人可以倾诉，这对孩子的心理健康非常不利。当家长的能保护得了一时，也保护不了一世，况且还是错误的保护方式。

这样一个上课几乎完全听不懂、又没有一个朋友的孩子，该有多么孤单和寂寞？如果他的家长再以一种错误的方式保护他，他还怎么可能有自己的朋友？

“我没有朋友”，他在诉说，更是在质问。

老师，请问一问你自己，有没有做到“让每一个孩子都抬起头来走路”；家长，也反思一下你自己，有没有告诉孩子“宽容待人，快乐自己”的道理。

享受农家生活之乐

山东省荣成市第三十一中学　王华魅

生活条件好了，人的物质追求就越来越高。不少教师买上了轿车，住上了楼房。不仅如此，一些乡镇教师还实现了享受城市生活的愿望，在县城购买了第二套房子并入住，也成了城市一族。而我既无车也没进城的欲望，甘愿守着俭朴与恬淡的农村生活，享受着农家生活之乐。

因喜欢宁静，2001 年我在镇郊买了一套两层的别墅楼。楼的东面是一片果园，北面是成片的田地，西面有一条小河，楼旁还有一畦属于我家的菜地。我的生活也因此充满了田园风光之美。

三月，阳光明媚，各种野菜发芽吐绿。周末，我喜欢踏着阳光，走进楼后的田地，采撷一些苦菜、荠菜，享受苦菜的保健功效，享尽荠菜的天然美味。

四月底，果园里果花烂漫。粉红的桃花、洁白的梨花、白里带点粉色的苹果花，争相开放，空气中弥漫着淡淡的清香，痴迷了我的双眼，陶醉了我的心扉。

五月是播种的时节。在我家的园子里，我们播种了花生、大豆、玉米、油菜、黄瓜、豆角，栽上地瓜、土豆、茄子、辣椒、西红柿。

六月，菜园里一片葱绿，架子上陆续挂满了果实。清晨，我喜欢走进菜园，采摘果实，将收获的喜悦装满篮子。在自己饱享之余，也不忘将丰收的喜悦赠予他人共享。同事在吃到自产的无污染的放心菜时，总会回报些许赞赏，顿感神情怡然，其乐融融。

暑假里，令我最畅快的事情莫过于去河边洗衣服。清晨，挎上洗衣盆来到西面的小河边。河边的大树成荫，河水格外清凉。来河边洗衣服的农家妇女总不间断，其中不乏我的学生家长，过去的，现在的。一边洗衣服，一边与她们畅谈学生的现状，对我来说，是件快乐的事情。不仅享受着学生成长与发展的喜悦，也能就学生存在的问题与家长沟通，商讨出解决的办法。在畅快的谈笑声与棒槌的敲打交响乐中，洗净了衣服，洗乐了心情。

金秋是收获的季节。自产的黏玉米棒子、花生、地瓜陆续上了我家的餐桌。成串的红辣椒挂在了墙头。园子里甜脆的青头萝卜、大白菜，不仅个头大，而且数量足。深秋时节，我爱把萝卜风干，制成咸萝卜条，再腌上一坛韩国风味的辣白菜。我爱人则喜欢买回一筐新鲜的葡萄，自酿几瓶红葡萄酒。

冬天，是最需要温度的季节。在当下人人爱洁净的时代，空调已代替了煤炉，电褥子已代替了火炕，但我家仍生着暖气炉，睡着热炕。在寒风凛冽、大雪飘飞的日子里，我们一家人围坐在热烘烘的土炕上，吃着自产的绿色食品，喝着自酿的美酒，品尝的是味道，饱享的是生活和心情的好滋味。热烘烘的土炕，驱赶着冬天的寒意，驱散了满身的疲惫，带我进入了温馨生活的甜美梦境。

这儿没有喧嚣，没有浮华，没有骄奢淫逸。这儿有一片需要我耕种的土地，这儿是我心停泊的港湾。

我甘愿永远做一名农村教师。

难忘的一堂观摩课

山东单县张集镇王楼小学　王元安

县教研室组织作文教学现场观摩课，由我主讲。

我胸有成竹而又举止大方地作了自我介绍后转入正题："同学们，这是一节命题作文课，这次习作重点是怎么写出真情实感的好文，题目是《难忘的一件事》。请同学们思考一下，在我们的学习和生活中，哪件事是你最难忘而又最有意义的事？"说完，我转身把题目和要求写在黑板上。

在学生的积极配合下，我旁征博引，恰到好处地提示、启发、引导，一切挥洒自如，学生们思路开阔，思维活跃，讨论热烈。

我暗自高兴，一切顺利！现在该唱重头戏了：表达顺序和构段方式的训练。当我一板一眼地指导训练时，学生们露出了心领神会的笑容，一些老师也露出钦佩的微笑，有几位老师啧啧赞叹。我高兴极了——这堂观摩课胜利在望！

还剩三分之一的时间，到了为体现学生的主体精神而设计的让学生练笔的环节，这是演好"压轴戏"的绝好时机。当我正准备让学生动笔时，教室里出现一阵骚动。猛然间，一位学生起身报告："老师，李洋上课偷吃蛋糕。"

“老师，我没吃，只是看了看蛋糕。”

“吃了，我们都看见了！”几位同学齐声证明。

“没吃，就是没吃！”李洋的脸一下红到脖子根，显得很委屈。

我被这意外的“小插曲”搞得措手不及，不知所措。面对台下一双双关注的眼睛，我急得如热锅上的蚂蚁。背水一战的我，只得硬着头皮处理这件事。

“李洋！”随着我的喊声，他站了起来。

“李洋洋，大笨蛋，天天考试得零蛋！”不等我张口，许多同学就不约而同地小声嘲笑起学习成绩很差的李洋。在阵阵讥笑声中，李洋痛苦而木然地站在那儿。

我的心好像被刺了一下，严厉制止了学生们的嘲讽。

李洋智商低，平时脸和衣服总是脏兮兮的，抽搭着两条长鼻涕，目光呆滞，学习成绩一塌糊涂。他家境也不好，母亲几年前病故，父亲去年又到外地打工去了，李洋只好跟着年迈的爷爷奶奶，过着孤儿般的生活。同学们都不愿接近他，他成了一只沉默寡言、形单影只的“丑小鸭”。

我努力地对李洋微笑了一下，问道：“怎么回事？”

他迅速从桌洞里捧出一块盒装的蛋糕，怯生生地说：“老师，今天我……过……生日，我想请您……吃……我买的蛋糕，请您陪……陪我过生日。”他涨红着小脸，目不转睛地看着我，盼望着我肯定的回答。

这一切虽与我的教学设计相去甚远，但我深知这是温暖李洋长期遭受冷落歧视的心灵，让他感受人间情暖的好时机。我走过去俯下身，伸出双手接过他手中的蛋糕。我亲吻了一下蛋糕盒，便拉着他的手轻声唱起了《祝你生日快乐》。开始是我一个人唱，接着是几人唱，最后是全班同学一齐唱……

我看到李洋的脸上绽放出了不常见的笑容，脸颊上有两行泪水在欢快地流。那是幸福的泪，是一个曾被孤立的学生得到别人尊重和关爱后流下的幸福泪水。

我暗想，今天的课一定讲砸了，但我并不后悔，我似乎看到了一只丑小鸭正在变成一只飞向蓝天的白天鹅。我用自己的行动诠释了苏霍姆斯林基的格言：“教育，首先是关怀备至地、深思熟虑地、小心翼翼地触及年轻的心灵，是尊重和转化被孤立的学生。”

临下课时，我给学生布置了一项作业：课后把这件事写出来。

当下课铃响起的时候，全场意外地响起了雷鸣般的掌声。那一刻，我好激动。

缘于一笑

山西省大同市晋柴中学　段凤英

又是大年三十，我等着曾教过的学生郝强的到来。每到这时，那段往事就会浮现在眼前。

1990年，我又接了一个初一新班。当时，已有十多年教龄的我，在学生面前俨然是一个老教师了，早已没有了初为人师时的胆怯、羞涩，一起消失的当然还有和悦的微笑。我自以为明白了一个“真理”——只有板起脸来面对学生，才能显示教师的威严。于是，每次快到教室门口，我就先调整好自己的面部表情，课堂上不允许学生发出笑声，特别是当自己的发型或服饰有变化后，走进教室，还没等学生反应过来，我就先找茬儿批评几句，压住学生的窃窃私语。学生怕我了，也躲着我了，但当时自己的感觉还颇好，特别是当我看到学生一喊“老师来了！”班里顿时安静下来的情景时，心中甭提多舒服了。就这样，我越来越严厉，可班级纪律却越来越乱，还经常发生打架事件。

我开始反思这是为什么？以前，学生虽然当面给我提意见、出难题，可班级的纪律却没什么问题。现在自己有经验了，学生也没意见了，可为什么班级工作却越来越不好做呢？

就在找不到答案时，我收到一封未署名的信，信上说：“老师，在您面前我们太压抑了，您为什么不能对我们微笑呢？您为什么总想办法压制我们的笑声呢？”这封信来得太及时了，一语击中要害，我明白该怎样去做了。

第二天，我特意换了一件新衣服，画了点淡妆。当我精神饱满地走进教室的时候，有些同学不由自主地张大了嘴巴，可是没敢出声。看着他们滑稽的表情，我先笑了，我说：“你们看老师漂亮不漂亮？”“漂亮！”学生异口同声回答，余音未落，一个男生紧跟了一句：“昨天三十，今天十八。”这下教室里炸了锅，学生们可找到了释放的机会。我刚要发火，又一转念：我的目的不就是让学生笑起来吗？这个场面有什么不好？于是，我也跟着笑起来。这时我发现郝强没笑，一本正经地坐在那儿，我心里明白了。笑了一阵，我说：“老师太高兴了，难道你们不希望老师年轻些吗？”“希望！”这堂课学生们上得很轻松，也很成功，我更是兴奋、激动，因为我找到了成功的秘诀——笑起来！

这样愉快地过了两天。这天上课，我正面对黑板写字，只听“呀……”我一扭头，正看到郝强挥拳给了同桌一下。“你干什么？太不像话了！简直是个土匪！”我大声训斥道。“你才是土匪！”郝强也不示弱。我强忍着火气对郝强说：“我先不理你，咱们下课再说！”下课后，郝强跟我来到办公室，刚一关上门，我照着他的后背就是两拳，并说：“看咱俩谁是土匪！”说完自己也觉好笑，就笑了。这时郝强转过身来，我以为他要瞪眼，没想到他笑了，说：“老师，我错了！”“现在知道错了，在课堂上怎么了？”“您说我是土匪，我受不了。”“那刚才我也说你是土匪，还打了你两拳，你怎么没发火呢？”“您不是笑了吗，我觉得您是在跟我开玩笑，所以就不生气了。”“喔！”我接着说：“你给老师提的建议很好，让我明白了用笑来与同学相处的秘诀。”“教师，不是我。”“行了，别狡辩了，你的字体和表情我早看出来了。”……

不久，我组织了一次“笑对同学、笑对老师、笑对人生”的主题班会，提倡在班里开展“笑一笑”活动。还真灵，同学们越来越团结了，师生关系越来越融洽了，班风也越来越好了。

1993年，这届学生毕业了，每到春节，他们都结伴来给我拜年。这两年，他们有的成了家，所以来的人渐渐少了，但郝强每年都要来，为了避免我不在家，他跟我约定了时间——初三的下午。所以每到这天的下午，我都会在家等他。10年了，一个仅仅教了3年的学生，还能惦记着我，这是为什么呢？我曾经问过郝强：“我批评过你们，着急时还打你们两巴掌，你们不记恨吗？”他回答说：“您说过什么，用多大劲打我们，我们都忘了，但忘不了的是您说过、打过后的那一笑。真的，这一点连我妈都做不到。”

是啊！人与人交往不就“缘于一笑”吗？两个路人相撞，彼此一笑，不就像一对老朋友吗？同事之间有了矛盾，彼此一笑，不就会和好如初吗？朋友之间有了误会，彼此一笑，不就会一切尽在不言中了吗？亲人之间有了分歧，彼此一笑，不就什么都能包容了吗？可见，人与人能有机会面对一笑，就是“缘”啊！

经营微笑

江苏省金湖县实验小学　吴汝萍

从一家扩展到70多家，从5000美元发展到数十亿美元，名声显赫于全球的美国希尔顿酒店，半个世纪以来，不论经济如何起伏波动，但它的生意一直火爆，财富呈直线攀升，稳坐着世界酒店业“大哥大”的宝座。当有人探询其成功的秘诀时，希尔顿微笑着说：

“经营微笑。”

“微笑经营”是希尔顿酒店成功的秘诀，他们的至理名言就是：“今天，你对顾客微笑了吗？”

看到希尔顿酒店经营成功的秘诀，笔者自然而然联想到自己的职业，作为教师，更应该每天“经营微笑”！

因为教育是教化人的心灵，教师对学生微笑，表达出的是对学生的理解、关爱和尊重，更能触动学生的心灵，能创造教育的成功和奇迹。所以说，“经营微笑”不应该成为“微笑经营”的专利，更应该成为教育的“良方”。

教师要善于“经营微笑”，使“微笑教育”成为一种策略、一种智慧。

美国著名心理学家艾帕尔·梅拉别思通过大量的调查分析得出这样一个结论：信息的总效应=7%的文字+38%的音调+55%的面部表情。这一公式足以说明面部表情的重要性，其中目光和微笑表现力最丰富、最有效。

微笑最能给学生创造出轻松、愉快的学习氛围，所以教师要努力经营微笑，把微笑作为一种现代教学智慧潜入日常的教育教学之中，使微笑成为教师和蔼的体现、亲切的象征，使微笑成为师生交流的和谐方式：当和学生交谈时，微笑是一种气氛；当学生回答问题时，微笑是一种鼓励；当表扬学生时，微笑是一种肯定；当学生认错时，微笑是一种谅解；当学生解决问题时，微笑是一种力量……

教师要努力“经营微笑”，使“微笑教育”成为一种理念、一种精神。

“以人为本，为了每一位学生的发展”是新一轮课程改革的核心理念，要求老师不仅要关注学生的知识和能力，更要关注学生的情感态度和价值观。“微笑教育”正是一种“以人为本”的教育。“微笑教育”的核心就是一个字——爱！教师每天微笑着面对学生，不仅会使学生体验到老师的爱，也使学生在微笑中学会关心、谅解和善待他人，使学生形成健康的心理和健全的人格，从而微笑着面对他人，面对生活。教师要用微笑去感动生命，用微笑去培育智慧，用微笑把爱的种子根植于学生的心田，这将成为学生一生的财富！如果一个学校的每个教师都能注意“营造微笑”，那“微笑教育”必定能成为一种以人文为底蕴的校园文化。

教师要成功“经营微笑”，使“微笑教育”成为一种习惯、一种境界。

正如于永正老师所言：“教育的最佳境界是微笑教育。”面对灿烂的生命，笑不起来的教师不是称职的教师。微笑也不是勉强，它是从内心深处的自然萌发。微笑是对学生的爱，也是对自己的爱，更是对教育事业的爱。如果教师每天成功“经营微笑”，就能养成微笑的习惯，就能时刻笑对学生，笑对工作，笑对教育，从而达到享受教育的最高境界。

教育是诗一样的事业，微笑是诗一样的语言。当“微笑教育”成为一种习惯、一种境界，师生就能同时享受教育的快乐，享受生活的美好，享受生命的活力，享受人生的欢乐。

微笑是阳光，能融化冰雪；微笑是春雨，能滋生万物；微笑是桥梁，能沟通心灵。微笑更是一种“解语之花，忘忧之草”。

老师们，请用微笑表达对学生的尊重，用微笑传递对学生的鼓励，用微笑宽容还是孩子的学生。

希望这句简单的话语——“今天，你对学生微笑了吗？”能成为我们每个教师的“座右铭”，努力让阴冷威严的教育变为多彩灿烂的“微笑教育”、“阳光教育”，努力让教育在“微笑”中前行，使学生在收获知识、提高能力的同时收获“微笑”，健康快乐地成长。

初为人师的悲哀

湖北省广水市第一高级中学　刘开信

算起来，自己从教已有25年了，在漫长的教书生涯中，每当遥望故乡，一件往事涌上心头，一种莫可名状的悲哀就撕扯着我的心，让我的灵魂永远不得安宁。

1973年春，我作为文革中的第一届高中毕业生回到故乡，拿起民办教师的教鞭，担任了班主任，当时我才18岁。张芬是我的学生，她当时已有15岁。虽然我和张芬住在不同的村里，但两村相邻，彼此听得见喊吃饭的声音，见面都以亲戚相称，按照辈分，张芬应喊我“表叔”。在那闭塞的农村，无论是师生还是不同辈的男女之间接触密切，都会被视作乱伦，都要受到乡人的鄙视。

生活艰难，我总是穿着带补丁的衣服去上课，张芬对我的衣服特别敏感。中午放学后，有时我和同事结伴上街，路过张芬家的后门，她见到了，必随同前往。班上的工作很多，我忙不过来时，她就不声不响地代我做好，并经常红着脸来问问题。从她的言谈举止中，我分明感觉到她对我的依恋，但我心里很清楚，自己是她的老师，是长辈。由于自己当时生活阅历浅，不可能正确认识和处理与她的这种超越一般师生关系的问题，因而就对她采取了回避的做法。后来家中要给我介绍对象，虽然我不太同意，但为了让张芬死心，我勉强同意了。张芬知道这件事后，愤而辍学。一年后，我被招工进入大城市，听说张芬已谈了朋友，且婆家住在小镇上，我暗自为她祝福。我第一次返乡探亲时，张芬在露天戏台旁看见了我，她只喊了声“老师”，就转身离去，那种哀伤的眼光让人心碎。让人更加震惊的是，大约两个小时后，张芬服毒自杀了。按照乡俗，未婚女子死后，不能在家过夜，不能埋在祖坟园里。因此，张芬很快被装进一副简陋的棺材，埋在了乱草岗上。

张芬去世时年仅18岁，一个年轻的生命就这样离我而去，她那清澈的眸子、纯洁的面孔，不时出现在我的眼前。人们纷纷传说她的死是因为其未婚夫嫌她是农村人，并迫使她退掉彩礼、解除婚约所致。当时，我也信以为真。后来，我从心理学上知道，一个人的行为与他以前所受的挫折有关，这种创伤甚至可以追溯到他的婴儿时期。张芬为什么选择见了我以后自尽？她也许是用死来最后表示对我的依恋和愤慨。我常想，如果那时我不那么年轻，如果那时我懂得一点心理学的知识，如果那时我不是简单地回避，而是理性地对她进行正面教育，特别是在她死前能帮她一把，那么她现在应该健在，有45岁了，是我最大的学生。但她用结束自己生命的方式否定了一切的“如果”。

也许，班主任是世上最小的“官”，但同时又是最大的“官”。因为他影响着学生的终生，甚至间接掌握着学生的命运。班主任应该带领一群鲜活的生命，越过沼泽，战胜彷徨，坚强地走完人生的旅途。此时，“恋父情结”、“心理焦虑”、“心理挫折”等，一个个科学名词向我涌来，让我无地自容，张芬同学，你听到天籁之声了吗？那是老师深深的忏悔！

布衣暖，菜根香，读书滋味长

北京科技职业学院　曹学荣

楼下是一家餐馆，楼对面是一家书轩。

楼下总是人声鼎沸，楼对面总是冷冷清清。

儿子喜欢去餐馆吃饭，因为他们的虾做得远近闻名，好多人都大老远地慕名而来。儿子喜欢虾的味道。

儿子也喜欢去书轩读书，因为他们里面的书总是摆放得整整齐齐，而且服务员态度也很温和，更重要的是，店里的新书总是来得很及时。店里为每一个光顾的客人都准备了轻柔的音乐，还可以自己点播，在这里，你想待多久就待多久。儿子喜欢安静的氛围。

有一天，儿子隔窗问我："妈妈，为什么对面那么热闹，而这里这么冷清呢？"

看着大街上熙来攘往的人，听着他们匆忙谈生意的声音，一时间我真无言以对。

我能对着这个十岁的孩子说出真的理由吗？

我能说，这是脑体倒挂现象吗？我本能告诉孩子，说读书人苦心孤诣地奋斗，就是为了摆脱生活的困苦，但是真的腹中的知识就是营养吗？事实证明，有时候，读书人的心中，精美的菜肴、高级的饭店，对读书来说，就是卖火柴小女孩笔下的那个梦。

我能告诉孩子，说好好读书，然后，你就能做上一个好梦吗？

社会越来越进步，人们的生活节奏越来越快，快得没有时间回头，我们的历史长河在人们的头脑中越来越模糊，心中的知识是速成的，心中的孔子是于丹告诉的，心中的文明是张艺谋展示出来的，所以，才不管你才高八斗，才不管你学富五车，不用读书，全都落花流水春去也。谁还会，藏在书斋？

我能告诉孩子，不用书墨香，你也照样能高榜题名吗？

苦笑一声，我对孩子说："那是因为，餐馆是会朋友的地方，高朋满座时，自然是开心的时候，所以热闹；而书店是看书的地方，是与古人名人进行精神交流的时候，他们需要安静。"

孩子点点头，又去看书了。

我看到，楼下，又有一伙人，进了餐馆。我知道，一会儿，就会有香味飘来，饭香味会掩盖书香味。

突然，想起一幅画：一个老人，在独钓寒江雪。

其实，我想，他在照守自己的精神家园。不管如何，布衣暖，菜根香，读书滋味长。

读吧，读吧，有心有识有灵魂，有梦有知有远方。

借我一只手，好吗？

河南省濮阳市昆吾小学　赵　娜

在我看来，那是一场普通的无法再普通的讲故事大赛，可就是那天突如其来的一个细节，给予了我从教十余年来从未有过的触动，让我这颗在烦琐与疲惫中日益枯竭的心灵在刹那间变得丰盈而透明……

春日的阳光暖暖地照着大地，每月例行的讲故事大赛又在如期举行。可直坐得挨挨挤挤的孩子却显得有些慵懒，似乎与这份阳光的明媚极不和谐，或许是比赛形式太单一了，故事内容又有些大同小异，大多孩子都静静地坐着，似乎都感觉这项活动太平淡无奇了。望着他们一副副无精打采的样子，我的心也猛地一沉，思绪如潮水般涌动。本想为每一个孩子搭建一方展示自我的平台，让他们从书山题海中解脱出来，找寻到自我愉悦的天地。“故事比赛”多符合孩子的胃口，稚嫩的童心正需要随白雪公主的舞裙翻飞，水晶鞋下旋转的乐曲正要为他们奏响，可孩子们表情的漠然与行为的无动于衷却分明在表白他们在敷衍……耳听着台下盲目从众的掌声以及稀稀落落的议论，昨天还随梦想疾呼的我仿佛一下子掉进了无底的深渊。

忽然，旁边一位中年女碰了我一下：“老师，对不起，请帮个忙，借我一只手，好吗？”顿时我怔住了，满脸疑惑地回看着她。“瞧，台上讲故事的这个小女孩是我的女儿，我今天专门赶来为她加油，可我身体不方便，请您……”她仿佛看出了我的不解，极力解释着。这时我才猛然这位母亲的右臂空荡荡的，原来……我还是忍不住打量这位善良的母亲，可她已完全走进了女儿的故事世界里，身子使劲向前倾着，目不转睛地盯着，仔仔细细地听着，表情也随着女儿感情的波动不时变换着，我也不由得被这位母亲所感染，静下心来去听这个小女孩讲的《卖火柴的小女孩》的故事。其实，故事讲得并不那么扣人心弦，女孩还显得有些胆怯与慌乱，可在母亲眼里却显得那么难能可贵。女孩终于在母亲的期待下讲完了，我也为她长吁一口气，并对母亲相视一笑，迅速地伸出自己的右手，协助母亲那唯一的左手，使出平生最大的力气，鼓起了终身难忘的一次掌声。

女孩也睁大了惊奇的眼睛，拼命向母亲这个方向望，明亮的眼睛里闪烁着晶莹的泪光，也许是从母亲不易的掌声里听到了心灵的呼唤。接下来孩子们讲的故事也并不精彩，但我仔细地聆听着，哪怕留下了些许遗憾，但我却没有吝啬自己的每一次掌声。

感谢那位母亲，那位平凡的母亲，那位残疾的母亲，您让我深深懂得，每个孩子都是渴望关注的，期待成功的，他们就像一把把尚待点燃的火炬，理想之光未能绽放异彩那是我们吝啬了手中最平常不过的“导火索”。或许那些一直不引人注目的孩子真的不可能成为“爱迪生”、“牛顿”，但我们为人师者就是他们成长征途上的呵护人，没有任何理由让他们畏首畏尾地自卑成长。原来并不是故事本身不精彩，再索然无味的小故事也是孩子智慧的再创造，而是我们少了一颗赏识之心，把孩子内心的惊喜挡在了自己的视线之外。啊，伟大的残疾母亲，我真诚地借你一只手，同时也借千千万万个家长一颗赏识的心，为我们所有的孩子尽情鼓掌，高声喝彩，因为我们有责任让孩子们永远沐浴在赞赏的阳光里！

成长需要等待

江西省永丰县瑶田小学　钟科伟

短暂的寒假过去了，又迎来了新的学期，全校师生经过两天的忙碌，开学报名工作接近尾声，学校重又呈现出书声琅琅、生机勃勃的景象。同时教导处对新学期的学生人数进行了统计，发现一年级（6）班的陈玉和张成两个小朋友没有来报名上学，笔者找到班主任了解情况，才知道这两个小朋友由于去年新生入学时年龄太小，还不足5周岁，到校后根本不知道听课，张成小朋友一到上课时就打瞌睡，不写作业也不知道写作业；陈玉小朋友天天都要父母亲送到学校来陪同听课，如果父母一旦离开就又哭又闹也要跟着走，弄得全班同学都上不了课。所以这个学期他们的父母又决定把他们送入了幼儿园的学前班就读了，希望亡羊补牢，为时未晚。

现在的父母都希望自己的子女不要输在起跑线上，尤其是从去年开始，九年义务教育阶段的小学、初中真正实行了免费教育，而幼儿教育的费用倒是水涨船高。所以许多的家长或许是为了省钱，或许是为了让自己的孩子早日成才，因而盲目地提前入学，认为早一年入学就能早一年就业，找到更合适的更理想的工作岗位。每到新学年开学时总有一些家长领着孩子找校长说："您看我的孩子虽然还差几个月就到6周岁，但他的个子比现在读二年级的学生还高呢，不能来报名入学吗？"有的家长说："我听说女孩子年龄越大到高中时学习就越会退步，思想也会越复杂，比不上同龄的男孩儿，校长您就让我女儿提前一点时间入学吧"！更有一些有门路的家长就直接通过公安局的户籍管理科把子女的年龄进行更改，使之达到"合法"的入学年龄。

笔者认为，成长需要等待，家长们这种拔苗助长的行为实不可取，不但不能让您的子女赢在起跑线上，反而会像陈玉和张成两个小朋友那样，又走回头路，输在起跑线上。因为现在的小朋友营养比以前好多了，所以身体发育也比较快，的确比他们的父辈同龄时的身材要高一些，但身体发育并不能跟智力的发育成正比。儿童是人的一生中发育最快的阶段，在一年级的小朋友中年龄相差较大的同学，在体力、智力、理解力以及性格、自我调控能力和学习能力上，都存在着较大的差距。而且随着社会节奏的加快，这种差距会越来越大。由于这类年龄小的学生跟不上同班比他们大的学生的智力，还存在幼儿的游戏阶段，虽然在游戏等活动中，初步学着运用逻辑思维，但也只有一些表象的思维。由于知识少，经验不足，还不能经常有意地调节和控制自己的行动，因此，心理的稳定性能还比较差。学起拼音和文字及算术来就非常的吃力，对要书写的作业也倍感吃力。同时由于接受能力跟不上，教师对这类学生要花更多的时间和精力去因材施教，往往还得不到理想的教学效果，家长也要花费更多的时间进行个别辅导，从而造成教学的种种问题和弊端。在这种情况下，年龄相差较大的同班小朋友，年龄小的学生经常处于竞争的劣势，久而久之，这类学生对学习就会不感兴趣，产生厌学情绪，学习成绩也每况愈下。同时由于自己跟班上的学生年龄相差较大，找不到合适的小伙伴来一起玩，往往很难合群，最终造成性格孤僻等心理障碍。

一位网友说："没有等待的生命是残缺的，没有等待的成长是苍白的，没有等待的学习是无谓的，没有等待的学生是无法长大的。"所以如果孩子提前入学，既不利于学生的成长，也不利于教师的教学，更白费了家长们的一番不输在起跑线上的苦心。请各位家长真正站在有利于子女成长的角度去思考，不要违背孩子成长的规律，让孩子承受过重的负担。要耐心地等待子女的成长，在等待中为孩子成长做些有利于其身心健康的事儿，如果拔苗助长，反会欲速则不达。学生的成长是一个艰巨而复杂的过程，是一次历久弥新的熬煎，是分娩前隐隐的阵痛，是生命中一段不可或缺的历练……我们要学会等待。

感悟宽容

浙江省仙居县城关一小　周利央

在学校，我以“严师”著称，对犯错误的学生，我从不宽容。在我看来，严是一种爱，宽容只会放纵学生的错误和缺点，俗话说：“严师出高徒”嘛！然而，在教学中，偏偏会遇到许多“屡教不改”的学生，今天忘了带作业，明天又不按时到校，还会找出种种理由为自己辩解，对于这样的学生我会罚得更重一些。久而久之，犯错误的学生总是乖乖地低头受训、受罚。因此，我常常为自己的“成功教育”而沾沾自喜。直到有一天，一件突然发生的事深深地震撼了我……

那是寒冷冬天的一个傍晚，为了让学生完成一份试卷，放学延迟了半个多小时。我整理好试卷，说了声“放学”就匆匆忙忙地走出了教室。到走廊时，我忽然发现手机忘在教室里，就随手把试卷往栏杆上一放，转身向教室走去。当我返回来时，发现放在栏杆上的试卷正在“漫天飞舞”，纷纷扬扬地向地面飘去。我不由得惊叫起来。随着我的惊叫声，正在教室整理书包的学生“忽啦”一下子全冲了出来，见此情景，他们立刻拔腿往楼下跑去。一会儿，操场上已满是追赶试卷的孩子，他们有的俯着身子捡，有的张开双臂追，还有的踮着脚尖去取挂在树上的试卷。在凛冽的寒风中，他们一个个奔跑着，忙碌着。面对此情此景，我想：如果这次过失是由学生造成的，不知我会怎样发火，而现在是因为我的疏忽……

正当我这样想时，孩子们跑了上来，他们纷纷把捡回的试卷交给我，并催促道："周老师，快数数，看看有没有少。"一数，发现少了一张。会在哪里呢？我们站在四楼用目光搜寻着。突然有人叫起来："在那里！在那里！"只见那张试卷正稳稳当当地躺在操场边一间杂物房的屋顶上，因在背风处，所以没有被风吹走。怎么办呢？不拿吧，那个学生的本次测验就没有成绩了；拿吧，屋顶又这么高。孩子们七嘴八舌地议论：有的说核对一下试卷，叫没试卷的同学补做一张；有的说请一个胆大的爬上去拿；有的说没了就没了吧，反正也不是大考。正当我为难之际，一个声音在我耳边响起："周老师，让我上去拿吧！"我一看，原来是班上的"调皮大王"朱铮。这个淘气包，每天不知要挨我多少次训。这不，早上因忘记带语文书而被我罚站了一节课，中午因忘带写字本又被我罚抄了两面小字。"你，行吗？"我打量了他一下，矮矮的个儿，瘦瘦的身子。"行！"他把身子一挺，响亮地回答。其他同学也在旁边搭腔："老师，他外号'小猴子'，身手敏捷得很，让他去吧！""好吧，你去试试。不过，一定要注意安全！"我答应了。

来到杂物房边，朱铮"噌噌噌"几下爬上屋旁的一棵柏树。只见他一只手攀着树干向前探着身子，另一只手努力地伸向试卷，一下、两下……可是，毕竟人小手短，够不着试卷。忽然，他一个"倒挂金钩"，双脚勾住树干，荡着身子去取试卷。我的心都提到了嗓子眼儿上，屏息凝视，生怕出现什么意外。"拿到啦！拿到啦！"随着一阵欢呼声，朱铮利索地从树上跳了下来，我的心也放了下来。

这么一折腾，天色已经暗下来。捧着试卷，我真诚地对孩子们说："对不起！因为我的疏忽，耽误了你们回家。""没关系，没关系，谁都有不小心的时候。"孩子们纷纷安慰我。"我还要谢谢老师呢，给了我一个表演的机会。"朱铮扮了个鬼脸说。

孩子们一个个快活地向我道别，望着他们渐渐消失在暮色中的背影，我泪眼迷蒙。多好的学生，多么纯洁的心灵，他们小小的胸怀里包容了那么宽广的世界，对平日老师苛刻的行为，他们完全不放在心上，却那么热情、无私地帮老师弥补了过错。而我呢？……

那一天，我终于明白了，爱其实有很多种，严是一种，宽容也是一种。既然学生能宽容老师的过失，作为老师的我们，为什么不能原谅学生成长过程中所犯的错误呢？其实，他们所犯的错误更有理由得到老师的原谅，更有权利得到老师的宽容，因为他们是学生，正在成长。有人说过，成长过程就是一个不断犯错误的过程。

让我们用赏识去取代惩罚、用舒缓去取代激烈、用宽容去取代严厉，以博大的胸怀宽容学生的过错，原谅学生的过失吧！

后　记

教育随笔，是教师智慧的彰显，是教师思维火花的迸发，是教师辛勤耕耘的物质成果。真不知道这一本文集让你读后，给你思想没有？让你来精神没有？

眼前这一本源自天南海北的教育随笔，虽然不能全权代表当下中小学教师教育随笔研究的最高水平，但从那众多的来稿中我们才选出这几十篇来，不免有沉甸甸的感觉。

在选编的过程中，我们已经从所选文章里感受到了每一位教师作者的个性，与他们一同激动过，一同收获过，一同快乐过。希望亲爱的读者您拿到这一书时，也和我们有同样的感觉。因为书只有作者与编者共鸣，编者与读者共鸣，才会发挥出它应有的价值。

感谢所有投稿支持的朋友们，是你们的积极参与，才让我们完成了编辑任务。但遗憾的是，这里有很多的优秀稿件，由于体例、篇幅等原因未能选用，在向你们表示感谢的同时，也在此向您说声“对不起”。无论是在最初的选稿，还是在审稿和最后的统稿中，我们也不时被随笔文章中的文字、情感、思想和精神所感动，所震撼！虽然辛苦，但却让我们有幸福的感觉。

由于我们知识水平和视野有限，难免会坐井观天，在此，敬请各界专家和广大读者给予批评指导。也愿本书成为广大教师的朋友！

编　者

2009 年 4 月中旬

精品教师用书推荐榜

重点推荐图书

书　名	作　者	定　价	出版社
校长原规则	钟发全等	29.80	吉林大学
教师不跪着成长	钟发全　张朝全	29.80	吉林大学
教师笑着教书	钟发全　张朝全	29.80	吉林大学
没有问题就是最大的问题	刘经华　钟发全	29.80	吉林大学
教师走向成功的22条“军规”	刘经华	25.00	吉林大学
教育策划的智慧运作	刘经华	29.80	吉林大学
教育策划经典案例辑萃	刘经华	29.80	吉林大学

实践新课程课堂视点丛书

书　名	作　者	定　价	出版社
理想的课堂	朱良才	29.80	天津教育
课堂教学实用艺术	朱良才	29.80	天津教育
智慧涅磐：教师随笔拾萃	张朝全　钟发全	29.80	天津教育
在写自己的故事中成长：教育叙事采撷	钟乐江　钟发全	29.80	天津教育
课堂新问题诊断·语文	钟发全　陈松信	29.80	天津教育
我思故我在：来自课堂的思考·语文	孙彦彦　钟发全	29.80	天津教育
理念与智慧的博弈：新课案之课例解读·语文	范明刚　钟发全	29.80	天津教育
追求与众不同的课堂：新课案之创新课堂·语文	薛镇芬　钟发全	29.80	天津教育

教师走向卓越的黄金培训课程

书　名	作　者	定　价	出版社
一切从改变开始—教师追求卓越的职业信条	郭　簃	32.00	吉林大学
我的未来我做主—教师职业生涯发展规划设计	常虎温	32.00	吉林大学
如何上好每一堂课	王海燕	32.00	吉林大学
课堂因细节而精彩	张少斌	32.00	吉林大学
教师反思的智慧	张少斌	32.00	吉林大学
做教师身边的研究	冯锁堂	32.00	吉林大学
影响课堂教学实效的关键问题	欧阳芬　谭立义	32.00	吉林大学
我手写我心—在写作中成长	张少斌	32.00	吉林大学
构建没有残缺的世界—致力于没有差生的教育	潘立梅	32.00	吉林大学

新课程课堂教学问题探究与解决丛书

书　名	作　者	定　价	出版社
做最好的教师 —实现自我发展的55个途径	刘永舜　董志斌　赵卫胜	25.00	四川教育
做智慧的教师 —提升课堂教学实效应关注的55个问题	文学荣	25.00	四川教育
做专业的教师—课堂教学的55个细节	欧阳芬	25.00	四川教育
做创造的教师 —小学数学课堂教学的55个经典案例	张　莉　陈秋宾	28.00	四川教育
做创造的教师 —小学语文课堂教学的55个经典案例	李晓红　任庆世	28.00	四川教育
小学语文课堂教学的55个细节	李敏才	25.00	四川教育
小学数学课堂教学的55个细节	施　勤　柴林喜	25.00	四川教育
初中数学课堂教学的55个细节	郑　强	25.00	四川教育
初中语文课堂教学的55个细节	李福灼　欧阳芬	25.00	吉林大学
初中英语课堂教学的55个细节	梁承锋　应丽君　余冬花	25.00	吉林大学

课堂教学模式丛书

书　名	作　者	定　价	出版社
小学语文课堂教学课型	张四保　贺建平	28.00	吉林大学
小学数学课堂教学课型	张四保　柴林喜　郭兰生	28.00	吉林大学
初中语文课堂教学课型	欧阳芬　彭宝荣　高在宏	28.00	吉林大学
初中数学课堂教学课型	张四保　彭隆辉　候永新	28.00	吉林大学
初中英语课堂教学课型	张四保　郭治源	28.00	吉林大学
初中物理课堂教学课型	王兴理　周卓涛　王守勤	28.00	吉林大学
初中化学课堂教学课型	张四保　张爱喜	28.00	吉林大学
初中政史课堂教学课型	张四保　游文兰	28.00	吉林大学

中学生走向卓越新支点丛书

书　名	作　者	定　价	出版社
每天进步一点点：从合格走向卓越的八堂必修课	郭　篨	29.80	吉林大学
这样学习最有效：如何成为学习高手	郭　篨	29.80	吉林大学
走向卓越的习惯养成	郭　篨	29.80	吉林大学
学生生涯规划设计	郭　篨	29.80	吉林大学

中小学生教育图书重点推荐

书　名	作　者	定　价	出版社
你认为你行你就行	刘经华等	25.00	吉林大学
学习兵法：做自主学习的主宰	欧阳芬　孟微微　周山豹	28.00	吉林大学
考试圣经：轻轻松松做考试高手	张四保　肖　燕　白俊林	28.00	吉林大学